BERND SIEFERT

vegan & süss

DIE BESTEN VEGANEN KUCHEN, TORTEN, DESSERTS UND COOKIES

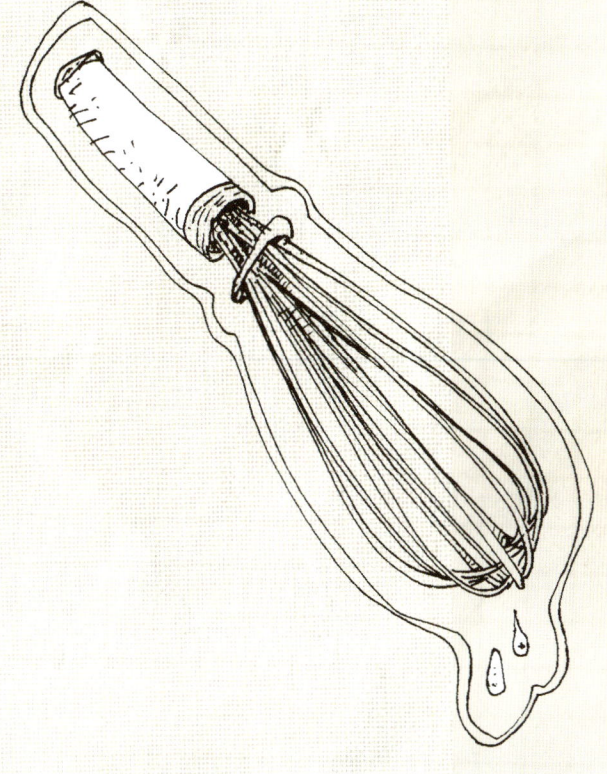

BERND SIEFERT

DIE BESTEN VEGANEN KUCHEN,
TORTEN, DESSERTS UND COOKIES

vegan & süss

Fotografie: Matthias Hoffmann

MATTHAES VERLAG GMBH
Ein Unternehmen der dfv Mediengruppe

VORWORT
ODER
WESHALB SCHREIBT EIN NICHT-VEGANER
EIN VEGANES BACKBUCH?

Ich lebe selbst nicht vegan. Aber ich finde es spannend, andere Ernährungsformen zu betrachten und auszuprobieren, gerade auch solche, die mir eher fremd sind. Und da ich viel im Ausland unterwegs bin, hatte ich schon hier und da Gelegenheit, vegane Speisen zu probieren. Manches fand ich tatsächlich sehr lecker, manches aber auch ganz grausam. Also habe ich mich daran gemacht, vegane Rezepte zu entwickeln, die auch vor dem kritischen Geschmack eines nicht-veganen Profikonditors bestehen können.

Eine der ersten und häufigsten Fragen, die man mir stellte, lautete: Wie kann man ohne Eier, Milch, Sahne und Butter backen? Keine Angst, es geht sehr gut. Natürlich muss man als Profi genau an dieser Stelle Kompromisse eingehen. Textur und Geschmack sind anders, aber nicht unbedingt schlechter. Eier lassen sich ersetzen, Gelatine ebenfalls. Man muss halt ausprobieren und üben.

Ich habe dabei auf solche Ersatzprodukte zurückgegriffen, die im Prinzip überall erhältlich sind. Natürlich gibt es auch einige großartige Ersatzprodukte aus der molekularen Küche, aber auf diese habe ich mit Absicht verzichtet, denn ich wollte so natürlich und einfach wie möglich bleiben.

Aber am wichtigsten ist natürlich der Geschmack. Und der ist wirklich wunderbar. Was ich nicht erwartet hätte: Nach der Entwicklungsphase habe ich einige meiner Rezepte, auch private Kochrezepte, „auf vegan" umgestellt. Vor allem bei den Cookies und Brownies sind echte Lieblingsstücke dabei. Sie sehen, diese vegane Reise ist auch für mich noch lange nicht zu Ende ...

Viel Spaß beim Nachbacken und Naschen!
Ihr Bernd Siefert

INHALT

KUCHEN, TORTEN UND CUPCAKES

MEXIKANISCHE
AVOCADO-SCHOKOLADEN-TARTE

KALTE PRACHT

MEXIKANISCHE
AVOCADO-SCHOKOLADEN-TARTE

EINE SPRINGFORM (Ø 26 CM)
KEINE BACKZEIT, ABER DIE TARTE MUSS 2–3 STUNDEN IM KÜHLSCHRANK FEST WERDEN

FÜR DEN BODEN
100 g gemischte Trockenfrüchte
50 g Orangeat und/oder Zitronat
350 g Mandeln, gerieben und geröstet
2½ EL Agavendicksaft
50 g gepopptes Quinoa

SCHOKOLADENMASSE
100 g vegane Bitterkuvertüre
120 g festes Kokosfett
1 Vanilleschote
90 ml Agavendicksaft
Cayennepfeffer nach Belieben
Abgeriebene Schale von **einer** Bio-Limette
1 Prise Meersalz
5 mittelgroße Avocados (Sorte Hass, **1 kg** fertig geschält und entkernt)
100 g Kakaopulver
200 ml Kokossahne

DEKOR
1 Avocado
50 g Puderzucker
1 Bio-Limette
250 g frische Himbeeren

❶ Für den **Boden** die Trockenfrüchte mit Orangeat/Zitronat, den Mandeln und dem Agavendicksaft in einem Mixer zu einer glatten Masse mixen. Die Masse zu einer Kugel formen und im Quinoa wälzen. Dann gleichmäßig in einer Springform dünn verteilen.

❷ Für die **Schokoladenmasse** die Bitterkuvertüre schmelzen und das Kokosfett zugeben, bis dieses auch geschmolzen ist. Die Vanilleschote der Länge nach aufschneiden und das Mark herauslösen. Agavendicksaft, Vanillemark, Cayennepfeffer, Limettenschale, Salz, die Avocados und das Kakaopulver untermixen, bis eine glatte Masse entstanden ist. Die Kokosahne steif schlagen und unter die Masse heben. Diese Masse auf den Früchteboden geben und gleichmäßig verteilen. Dann im Kühlschrank fest werden lassen.

❸ Für das **Dekor** die Avocado schälen, entkernen und in Spalten schneiden, dann mit Puderzucker bestäuben. Von der Limette mit dem Zestenreißer dünne Schalenstreifen abreißen. Mit dem Limettensaft die Avocado beträufeln.

Die aus der Form gelöste Tarte mit den Avocado-Spalten, den Himbeeren und den Streifen von der Limettenschale dekorieren.

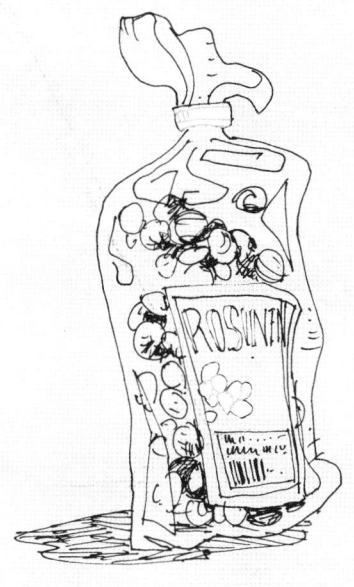

FÜR DEN MÜRBTEIG

1 Vanilleschote
80 g Haselnüsse, geröstet und gerieben
250 g Weizenvollkornmehl
¼ TL Weinsteinbackpulver
50 g Zucker
Abgeriebene Schale von **einer halben** Bio-Orange
1 Prise Meersalz
130 g festes Kokosfett
ca. 100 ml Orangensaft

FÜLLUNG

1 Vanilleschote
100 g vegane Bitterkuvertüre
250 g festes Kokosfett
50 g Kakaopulver
100 ml Agavendicksaft
1 Prise feines Meersalz
30 g Rumrosinen

GLASUR

100 g vegane Bitterkuvertüre
25 g Kokosfett

KALTE PRACHT

☞ Die Kalte Pracht hat ihren Namen aus gutem Grund.
Sie sollten sie unbedingt im Kühlschrank lagern
und gut gekühlt servieren.

Den Backofen auf 150 °C vorheizen.

❶ Für den **Mürbteig** die Vanilleschote der Länge nach aufschneiden und das Mark herauslösen. Haselnüsse, Vollkornmehl, Backpulver, Zucker, Orangenschale, Vanillemark und Salz mischen. Dann das Kokosfett und den Orangensaft hinzufügen und rasch zu einem glatten Teig verkneten. In Frischhaltefolie einwickeln und im Kühlschrank mindestens 30 Minuten kühlen.

Den Teig und die Arbeitsfläche mit etwas Mehl bestäuben, ca. 3 mm dick ausrollen und in passende Kekse je nach Größe der Kastenform schneiden. Auf ein mit Backpapier belegtes Backblech legen und bei 150 °C ca 25 Minuten trocken ausbacken. Dann auf einem Kuchengitter auskühlen lassen.

Die Kastenform mit Frischhaltefolie auslegen (leicht eingefettet haftet die Folie besser).

❷ Für die **Füllung** die Vanilleschote der Länge nach aufschneiden und das Mark herauslösen. Die Kuvertüre schmelzen, dann das Kokosfett zugeben und erneut schmelzen. Das Kakaopulver mit dem Agavendicksaft, dem Vanillemark, Salz und den Rumrosinen in einem Mixer zu einer Paste mixen und diese unter die Schokoladenmasse rühren.

Den Boden der Kastenform mit etwas Schokoladenmasse bedecken. Diese Schicht mit einigen Keksen dicht an dicht belegen, dann die Kekse wieder mit Schokoladenmasse bedecken. Diesen Vorgang so oft wiederholen, bis alle Kekse aufgebraucht sind. Die letzte Schicht sollten Kekse sein.

Die Form im Kühlschrank ca. 2 Stunden kalt stellen, bis der Kuchen komplett erstarrt ist. Dann vorsichtig aus der Form lösen und die Folie abziehen.

❸ Für die **Glasur** die Kuvertüre schmelzen und mit dem Kokosfett mischen. Den Kuchen so lange mit der Glasur bepinseln (Silikonpinsel), bis die Glasur fest geworden ist.

SCHWEIZER
SCHOKOLADENKUCHEN
MIT SAUERKIRSCHEN

OVALE FORM ODER EINE SPRINGFORM (Ø 24 CM)
BACKZEIT: 45 MINUTEN

Eine Springform fetten und mit Mehl bestreuen, den Ofen auf 180°C vorheizen.

Mandeln, Kuvertüre, Mehle, Kakaopulver, Backpulver, Natron, Salz und Zimt mischen.

Die Vanilleschote der Länge nach aufschneiden und das Mark herauslösen. Vanillemark, Kirschsaft, Zitronenschale, Apfelsüße, Zucker, Öl, Haselnussmark und Marzipan in einem Mixer zu einer glatten Masse verrühren, dann das Mehlgemisch unterrühren und gleichmäßig in die vorbereitete Form füllen.

Den Teig mit den Sauerkirschen belegen und den Krokant aufstreuen.

Bei 180°C ca. 45 Minuten backen (Stäbchenprobe!) und auskühlen lassen. Vorsichtig aus der Form lösen und mit Kakaopulver absieben.

200 g geriebene Mandeln
150 g geraspelte vegane Bitterkuvertüre (mind. 60 % Kakaoanteil)
50 g Weizenmehl Type 405
40 g Pfeilwurzmehl
25 g Kakaopulver
2 EL Weinsteinbackpulver
½ TL Natron
1 Prise Meersalz
1 TL Zimtpulver
1 Vanilleschote
350 ml Kirschsaft
Abgeriebene Schale von einer Bio-Zitrone
80 ml Apfelsüße
40 g Rohrzucker
140 ml Haselnussöl
50 g Haselnussmark
50 g Marzipan
300 g entsteinte Sauerkirschen (TK oder aus dem Glas, abgetropft)
80 g Krokant
Kakaopulver zum Garnieren

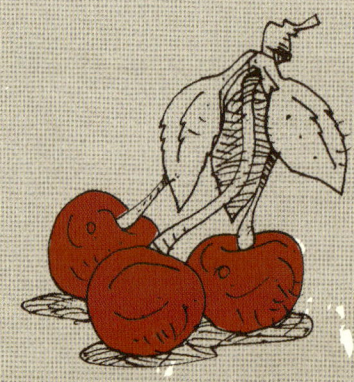

SCHOKOLADENTORTE
À LA SACHER

FÜR DEN KUCHEN

100 g Mandeln, fein gerieben und geröstet
300 g Weizenmehl Type 550
50 g vegane Bitterkuvertüre, fein geraspelt
50 g Pfeilwurzmehl
15 g Kakaopulver
3 TL Weinsteinbackpulver
½ TL Natron
1 Prise Meersalz
1 TL Zimtpulver
¼ TL Nelkenpulver
50 g Zucker
Saft und abgeriebene Schale von **einer halben** Bio-Zitrone
80 ml Agavendicksaft
5 EL Rapsöl
300 ml Mineralwasser mit Kohlensäure
40 g Mandelmus

APRIKOSEN-HOLUNDER-KONFITÜRE

300 g entsteinte Aprikosen
150 g Bio-Gelierzucker (2:1)
5 EL Holunderblütensirup
Abgeriebene Schale und Saft von
einer halben Bio-Zitrone

GLASUR

150 g vegane Bitterkuvertüre
1 Vanilleschote
200 g Zucker
1 Prise Salz

GARNITUR

50 g Reisdrinkschokolade

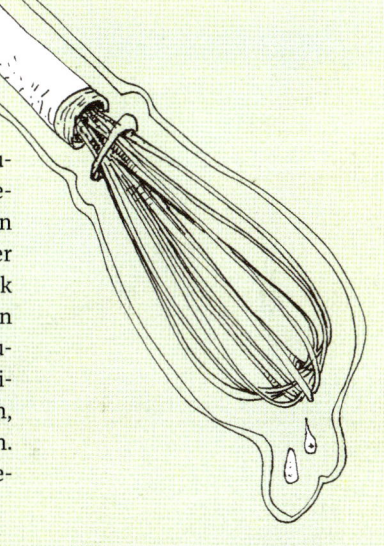

Eine Springform einfetten und mit Backpapier auslegen. Den Ofen auf 180 °C vorheizen.

❶ Für den **Kuchen** die trockenen Zutaten miteinander vermischen; die flüssigen Zutaten zu einer glatten Flüssigkeit mixen. Die beiden Massen mit einem Schneebesen vermischen, die Mischung in die Springform füllen und zum Rand hin hochstreichen. Im vorgeheizten Ofen ca. 45–55 Minuten backen (Stäbchenprobe!).

Auskühlen lassen und vorsichtig aus dem Ring lösen. Sobald die Masse komplett ausgekühlt ist, den Boden in zwei Scheiben schneiden.

❷ Alle Zutaten für die **Aprikosen-Holunder-Füllung** zu einem Mus mixen und in einem Topf ca. 3 Minuten kochen. Leicht auskühlen lassen und die Tortenböden damit füllen und einstreichen. Kalt stellen. In der Zwischenzeit die Glasur vorbereiten.

❸ Für die **Glasur** zuerst die Bitterkuvertüre schmelzen lassen. Die Vanilleschote der Länge nach aufschneiden und das Mark herauslösen. Den Zucker mit 60 ml Wasser, dem Vanillemark und Salz aufkochen und ca. 5 Minuten einkochen. Dann die geschmolzene Kuvertüre einrühren und so lange mit einem Löffel am Topfrand entlangreiben, bis die Glasur anfängt zu kristallisieren. Dann schnell die Torte damit überziehen und auskühlen lassen.

❹ Für die **Garnitur** die Reisdrinkschokolade auf Zimmertemperatur bringen und mit einem runden Ausstecher Locken abschaben. Die Torte mit den Schokoladenlocken garnieren.

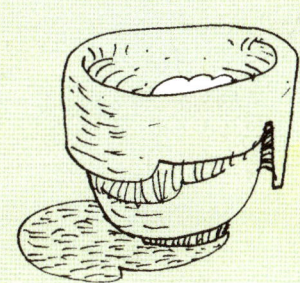

FRANZÖSISCHE
SCHOKOLADEN-BIRNEN-TORTE

EINE SPRINGFORM (Ø 26 CM)
BACKZEIT: 35 MINUTEN PLUS KÜHLZEIT

FÜR DEN BODEN
150 g Weizenmehl Type 405
30 g Pfeilwurzmehl
25 g Kakaopulver
3 TL Weinsteinbackpulver
1 Prise Meersalz
1 geriebene Tonkabohne
Abgeriebene Schale von **einer**
Bio-Orange
80 ml Agavendicksaft
20 g Rohrzucker
60 ml Sonnenblumenöl

FRUCHTFÜLLUNG
500 g Dosenbirnen

SCHOKOLADENMOUSSE
400 ml aufschlagbare Kokossahne
1 Vanilleschote
20 g Kakaopulver
60 g Hirsemehl
1 Prise Meersalz
350 ml Sojadrink
50 ml Apfelsüße
100 g fein gehackte vegane
Bitterkuvertüre (mindestens
60 % Kakaoanteil)

Eine Springform einfetten und mehlen. Den Backofen auf 180 °C vorheizen.

❶ Für den **Boden** Mehle, Kakaopulver, Backpulver und Salz mischen. Anschließend die restlichen Zutaten unterrühren und die Masse in die Springform geben.

❷ Für die **Füllung** die Birnen abgießen und in Spalten schneiden. Diese Spalten dann auf der Masse in der Springform verteilen und im Ofen bei 180 °C ca. 35 Minuten backen (Stäbchenprobe!). Auskühlen lassen und vorsichtig aus der Form lösen.

❸ In der Zwischenzeit die **Schokoladenmousse** herstellen. Dafür die Kokossahne wie Schlagsahne aufschlagen. Die Vanilleschote der Länge nach aufschneiden und das Mark herauslösen. Dann das Kakaopulver mit Hirsemehl, Salz, Sojadrink, Apfelsüße und Vanille in einem Topf unter ständigem Rühren ca. 2 Minuten kochen. Anschließend die gehackte Kuvertüre darin auflösen, mit Folie abdecken und etwas abkühlen lassen. Sobald die Masse nur noch lauwarm ist, die Folie entfernen und die geschlagene Kokossahne nach und nach unterheben. Diese Schokoladensahne auf dem abgekühlten Boden zur Mitte hin aufhäufen und mit dem Spachtel verteilen. Vor dem Servieren kalt stellen.

BELLE HÉLÈNE

GUGELHUPF

GUGELHUPF

KUCHENTEIG

300 g Weizenmehl Type 405
100 g Speisestärke
1 Päckchen Weinsteinbackpulver
1 Prise Meersalz
1 Vanilleschote
Abgeriebene Schale von **einer** Bio-Zitrone
200 g vegane Margarine (Raumtemperatur)
200 g Rohrzucker
200 ml Mineralwasser mit Kohlensäure
150 ml Mandeldrink
100 g vegane Bitterkuvertüre (mindestens 70 % Kakaoanteil)

1 EL geschmolzene vegane Margarine für die Form
Semmelbrösel für die Form

GARNITUR

Puderzucker oder vegane Schokoladenglasur und Kakaopulver zum Dekorieren

---

Zuerst die Gugelhupfform mit der geschmolzenen Margarine einfetten und mit den Semmelbröseln ausstreuen.

Den Backofen auf 180 °C vorheizen.

❶ Für den **Kuchenteig** Mehl, Stärke, Backpulver und Salz mischen. Die Vanilleschote der Länge nach aufschneiden und das Mark herauslösen. Das Vanillemark und die Zitronenschale zu der Mehlmischung hinzufügen. Dann die Margarine und den Zucker schaumig rühren. Abwechselnd das Mehlgemisch, das Mineralwasser und die Mandeldrink einrühren. Die Hälfte dieses Teigs in die vorbereitete Gugelhupfform füllen.

Für die zweite Hälfte die Kuvertüre schmelzen und mit etwas Wasser zu einer Paste anrühren. Mit dieser dann den restlichen Teig einfärben und auf die helle Masse geben. Die beiden Teigschichten mit einer Gabel mit drehender Bewegung durchmarmorieren.

Bei 180 °C den Kuchen im vorgeheizten Ofen ca. 50–60 Minuten (Stäbchenprobe!) backen und auf ein Kuchengitter stürzen.

❷ Nach kurzer Wartezeit den Kuchen vorsichtig aus der Form lösen und komplett auskühlen lassen. Je nach Geschmack mit Puderzucker bestäuben oder mit veganer Schokoladenglasur überziehen und mit Kakaopulver besieben.

VARIATIONEN

1. Anstatt die Masse aufzuteilen, können Sie auch in den gesamten Teig geraspelte Schokolade à la Stracciatella einrühren.

2. Sie verdoppeln die Menge der Zitronenschale und kochen aus dem Zitronensaft mit etwas Zucker einen Zitronensirup, mit dem Sie den Kuchen nach dem Backen tränken.

3. Oder Sie verdoppeln die Menge der Kuvertüre und backen einen reinen Schokoladenkuchen.

4. Noch eine Idee? Aromatisieren Sie den Kuchen mit Orangenschale statt mit Zitrone. Oder, oder, oder ... Ihrer Fantasie sind keine Grenzen gesetzt.

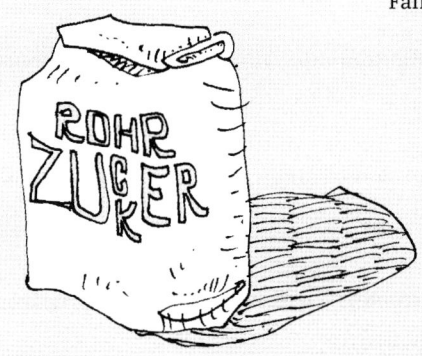

APRIKOSEN-PISTAZIEN-
TARTE

ODENWÄLDER APFELTORTE

APFEL

APRIKOSEN-PISTAZIEN-
TARTE

EINE TARTEFORM (Ø 26 CM)
BACKZEIT: 45 MINUTEN

FÜR DEN KUCHEN

1 Vanilleschote
Abgeriebene Schale und Saft von **einer halben** Bio-Zitrone
200 g reife Bananen, geschält
250 ml Aprikosensaft
80 ml Apfelsüße
40 g Rohrzucker
110 ml Pistazienöl
100 g Pistazien, geröstet und gerieben
250 g Dinkelmehl Type 630
50 g Pfeilwurzmehl
2 EL Weinsteinbackpulver
¼ TL Natron
1 Prise Meersalz
500 g Aprikosenhälften

GARNITUR

Saft **einer** Bio-Zitrone
50 ml Apfelsüße

Zuerst die Tarteform einfetten, mehlen und den Ofen auf 180 °C vorheizen.

❶ Für den **Kuchen** die Vanilleschote der Länge nach aufschneiden und das Mark herauslösen. Dann die Vanille, Zitronenschale und Zitronensaft, Bananen, Aprikosensaft sowie die Apfelsüße und das Öl in einem Mixer pürieren.

Die Mehle, Backpulver, Natron und Salz mischen und unter das Püree rühren.

Den Teig in die Tarteform füllen, mit den Aprikosenhälften belegen und im Ofen bei 180 °C ca. 45 Minuten backen (Stäbchenprobe).

❷ Solange der Kuchen noch heiß ist, zum **Garnieren** den Zitronensaft und die Apfelsüße kurz aufkochen und die Tarte damit bestreichen.

Auskühlen lassen und vorsichtig aus der Form lösen.

ODENWÄLDER APFELTORTE

EINE SPRINGFORM (Ø 26 CM)
BACKZEIT: 30 MINUTEN PLUS KÜHLZEIT

FÜR DEN BODEN

½ Vanilleschote
175 g Weizenmehl Type 550
50 g Sojamehl
10 g Weinsteinbackpulver
1 **Prise** Meersalz
4½ **EL** Mandelöl
50 g Apfelmus
Abgeriebene Schale von **einer halben** Bio-Zitrone

FÜLLUNG

1 Vanilleschote
1 **kg** Äpfel
150 ml Apfelwein (oder alkoholfrei durch Apfelsaft ersetzen)
2 **Päckchen** veganes Vanillepuddingpulver oder **80 g** Speisestärke
1 **Prise** Zimtpulver
1 **Prise** Meersalz
1 **TL** Agar-Agar-Pulver
Saft und Schalenabrieb **einer** Bio-Zitrone

DEKOR

200 ml Kokossahne
5 **EL** Mandelsirup
1 **Päckchen** veganes Sahnestandpulver
100 g gehobelte Mandeln, geröstet

Eine Springform einfetten und mit Mehl ausstreuen. Den Backofen auf 180 °C vorheizen.

❶ Für den Boden die Vanilleschote der Länge nach aufschneiden und das Mark herauslösen. Dann Mehl, Sojamehl, Backpulver und Salz miteinander sieben, die restlichen Zutaten und 200 ml Wasser unterrühren und ca. 2 Minuten rühren, bis eine glatte Masse entstanden ist.

Die Masse in der vorbereiteten Springform gleichmäßig verteilen und bei 180 °C ca. 30 Minuten backen. (Stäbchenprobe). Dann auskühlen lassen, aus der Springform lösen und mit einem Tortenring umstellen.

❷ Für die Füllung die Vanilleschote der Länge nach aufschneiden und das Mark herauslösen. Die Äpfel schälen, entkernen und raspeln. Apfelwein mit Puddingpulver, Vanillemark, Zimt, Salz, und Agar-Agar mischen. Ca. 1 Minute kochen, dann die geraspelten Äpfel, den Zitronensaft und die Zitronenschale unterrühren. Die Masse auf dem Kuchen im Tortenring verteilen und kalt stellen, bis der Kuchen komplett ausgekühlt ist.

❸ Für das Dekor die Kokossahne mit dem Mandelsirup und dem veganen Sahnestandpulver mischen und alles zu einer stabilen Sahne schlagen. Die Torte aus dem Ring lösen und mit der Sahne einstreichen. Die gehobelten Mandeln aufstreuen.

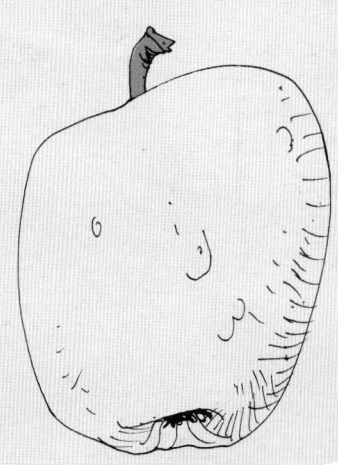

APFELBIRNENSTRUDEL
MIT PINIENKERNEN

FÜR EINEN STRUDEL VON CA. 40 CM LÄNGE
BACKZEIT: 30 MINUTEN PLUS RUHEZEIT

❶ Für den **Strudelteig** alle Zutaten so lange verkneten, bis ein glatter Teig entsteht, der sich von den Fingern löst. Diesen Teig dünn mit etwas Öl bestreichen, in Frischhaltefolie wickeln und an einem warmen Ort mindestens 30 Minuten ruhen lassen.

❷ Für die **Semmelbrösel** die Magarine aufschlagen, Semmelbrösel und Sonnenblumenöl zugeben und zu Streuseln kneten.

❸ Für die **Füllung** die Vanilleschote der Länge nach aufschneiden und das Mark herauslösen. Dann die Äpfel und Birnen schälen, entkernen und in Scheiben schneiden.

Alle Zutaten für die Füllung, bis auf die Magarine, locker miteinander mischen.

Den Teig so dünn wie möglich ausrollen, dann auf einem Küchentuch mit den Händen papierdünn ausziehen. Traditionell sagt man, der Teig müsse so dünn sein, dass man eine Zeitung durch ihn hindurch lesen könne. Die Ränder abschneiden. Die Margarine zerlassen, den Teig damit bestreichen und mit den Semmelbröseln bestreuen. Die Füllung auf dem oberen Drittel des Teigs verteilen und den Strudel mit dem Tuch vorsichtig aufrollen.

Auf ein mit Backpapier belegtes Backblech rollen, noch einmal mit Öl bestreichen und bei 200 °C ca. 30 Minuten backen. Nach dem Auskühlen mit Puderzucker besieben.

❹ Für die **Apfelzimtsauce** alle Zutaten kurz zu einer glatten Sauce mixen und kalt zum Strudel servieren.

FÜR DEN STRUDELTEIG

170 g Weizenmehl Type 405
1 Prise Salz
3 EL Sonnenblumenöl plus etwas zum Bestreichen
1 TL heller Essig

SEMMELBRÖSEL

100 g vegane Margarine (Raumtemperatur)
100 g vegane Semmelbrösel
5 EL Sonnenblumenöl

FÜLLUNG

1 Vanilleschote
300 g Äpfel
300 g Birnen
Saft und abgeriebene Schale **einer** Bio-Zitrone
1 Prise Zimtpulver
60 g geröstete Pinienkerne
50 g Rohrzucker
20 g vegane Margarine

APFELZIMTSAUCE

200 g Schmandersatz aus Soja
200 g Apfelmus
100 ml Sojacreme
Abgeriebene Schale und Saft von **einer halben** Bio-Zitrone
1 Vanilleschote
¼ TL Zimtpulver
2 EL (1 Schnapsglas) Calvados
45 g Rohrzucker

☞ Man kann den Strudel auch lauwarm, frisch aus dem Ofen, servieren. Dazu passt dann auch ein veganes Vanilleeis. Schmeckt super lecker. Es geht aber auch ohne.

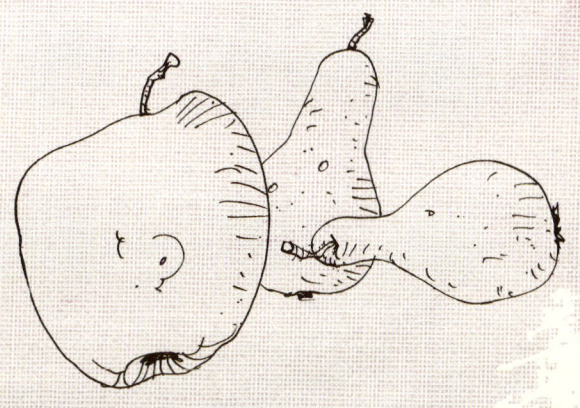

SÜDTIROLER BUCHWEIZENKUCHEN
MIT PREISELBEER-KONFITÜRE

EINE SPRINGFORM (Ø 24 CM)
BACKZEIT: 50 MINUTEN PLUS KÜHLZEIT

FÜR DEN KUCHEN

150 g Haselnüsse, geröstet und gerieben
150 g fein gemahlenes Buchweizenmehl
3 TL Weinsteinbackpulver
½ TL Natron
1 TL Zimtpulver
1 Prise Meersalz
Abgeriebene Schale von **einer** Bio-Orange
250 ml Mandeldrink
60 ml Apfelsüße
60 g Rohrzucker
90 ml Haselnussöl

KONFITÜRE

150 g Preiselbeerkonfitüre
30 g kandierter Ingwer, fein gehackt
2 EL (1 Schnapsglas) Rotwein

Zuerst die Springform einfetten und mehlen. Den Backofen auf 180 °C vorheizen.

❶ Haselnüsse mit dem Mehl, dem Backpulver, dem Natron, Zimt und Salz mischen. Dann die Orangenschale mit der Mandeldrink, der Apfelsüße, dem Rohrzucker und dem Öl mischen. Diese Mischung unter die Mehlmischung rühren und die Masse in die vorbereitete Form geben und gleichmäßig verteilen.

Bei 180 °C ca. 50 Minuten backen (Stäbchenprobe) und komplett auskühlen lassen. Dann mit einem langen Messer den Kuchen horizontal in zwei Böden schneiden.

❷ Für die **Konfitüre** die Preiselbeeren mit dem Ingwer und dem Rotwein kurz einkochen. Den oberen Boden mit der Backhaut nach oben mit der noch heißen Konfitüre bestreichen und den Rest gleichmäßig verteilen. Den zweiten Boden (aufgeschnittene Seite nach innen) auflegen, leicht anpressen und mit Puderzucker besieben.

FÜR DEN BISKUIT

1 Vanilleschote
300 ml Kokossahne
Abgeriebene Schale von **einer** Bio-Zitrone
70 ml Mandeldrink
300 g Weizenmehl Type 405
1 EL Süßlupinenmehl
2 TL Weinsteinbackpulver
1 Prise Meersalz
200 g Zucker

FÜLLUNG

900 ml Kokossahne
50 g Puderzucker
Saft und abgeriebene Schale von **einer** Bio-Zitrone
500 g Erdbeeren
120 g Kakaobutter

DEKOR

200 g Joghurtersatz aus Soja
5 EL Kokossahne, steif geschlagen
Saft von **einer** Bio-Zitrone
50 g Puderzucker
1 TL Agar-Agar Pulver
Je Tortenstück **eine** frische Erdbeere
ca. **50 g** gehackte Pistazien

ERDBEER-KOKOS-
SAHNETORTE

Den Backofen auf 180 °C vorheizen und die Springform mit Backpapier auskleiden.

❶ Für den **Biskuit** die Vanilleschote der Länge nach aufschneiden und das Mark herauslösen. Die Kokossahne steif schlagen, das Vanillemark und die Zitronenschale mit dem Mandeldrink verrühren und unter die Sahne heben. Die Mehle mit dem Backpulver, Salz und Zucker mischen und nach und nach vorsichtig unter die Sahnemasse ziehen. In die vorbereitete Springform geben und bei 180 °C ca. 40 Minuten backen (Stäbchenprobe). Den Tortenboden auskühlen lassen und mit einem scharfen Messer quer in zwei gleich dicke Scheiben schneiden. Den unteren Boden mit einem Tortenring umstellen.

❷ Für die **Füllung** die Kokossahne mit dem Puderzucker mischen und steif schlagen. Zitronenschale und -saft mit den geputzten Erdbeeren pürieren. Die Kakaobutter im Topf auf dem Herd schmelzen lassen, nach und nach das Erdbeerpüree unterrühren und die Kokossahne unterziehen. Diese Sahne schnell in den Tortenring füllen und mit dem zweiten Tortenboden bedecken.

Die Torte für ca. 4 Stunden im Kühlschrank auskühlen lassen. Dann vorsichtig aus der Form nehmen und auf ein Kuchengitter stellen.

❸ Für das **Dekor** den Joghurtersatz mit der geschlagenen Kokossahne mischen. Den Zitronensaft mit dem Puderzucker und dem Agar-Agar mischen. Ca. 100 Gramm Joghurtersatzmasse zugeben und alles aufkochen. Die Masse vom Herd nehmen, die restliche Joghurtersatzmasse rasch unterrühren und die Torte schnell damit überziehen. Die Torte auskühlen lassen und mit Erdbeeren und Pistazien dekorieren.

TOFU-CHEESECAKE

MIT SCHWARZEN JOHANNISBEEREN

TOFU-CHEESECAKE
MIT SCHWARZEN JOHANNISBEEREN

FÜR DEN MÜRBTEIG

260 g Mehl Type 550
8 g Weinsteinbackpulver
120 g Zucker
1 Prise Meersalz
160 g vegane Margarine
Abgeriebene Schale von **einer halben** Bio-Zitrone

FÜLLUNG

600 g Seidentofu
400 g fester Tofu
200 g Schmandersatz aus Soja
2 Vanilleschoten
80 g Speisestärke
160 g Zucker
Abgeriebene Schale von **2** Bio-Zitronen
1 Prise Salz
240 g vegane Margarine

TOPPING

500 g Schwarze Johannisbeeren
Abgeriebene Schale und Saft
von **einer** Bio-Orange
250 g Rohrzucker
1 TL getrockneter Thymian

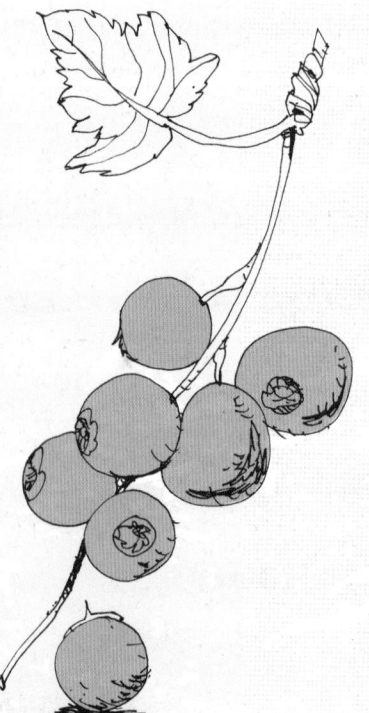

❶ Für den **Mürbteig** alle Zutaten schnell zu einem Teig verkneten und in Frischhaltefolie eingepackt für eine Stunde im Kühlschrank ruhen lassen. Dann mit etwas Mehl dünn rund ausrollen und damit eine gefettete Springform auslegen. Den überstehenden Rand abschneiden.

❷ Für die **Füllung** zuerst den Seidentofu in ein feines Sieb geben und abtropfen lassen (mindestens 30 Minuten, besser über Nacht). Dann den festen Tofu und den Schmandersatz dazugeben und in einem Mixer glatt mixen. Wenn nötig, durch ein feines Sieb streichen. Die Vanilleschoten der Länge nach aufschneiden und das Mark herauslösen. Dann die Speisestärke mit dem Zucker, der Zitronenschale und dem Salz mischen und unter die Sojamasse rühren. Zum Schluss die Margarine schmelzen lassen und unter die Sojamasse rühren.

Den Backofen auf 220 °C vorheizen.

Die Masse in die mit dem Mürbteig vorbereitete Springform füllen und gleichmäßig darin verteilen. Den Kuchen bei 220 °C für ca. 15 Minuten heiß anbacken. Den Kuchen für 5 Minuten aus dem Ofen nehmen, den Rand rundherum schräg mit einem Messer einschneiden und die Ofentemperatur auf 180 °C fallen lassen. Dann für ca. 60 Minuten weiterbacken. Mit der Stäbchenprobe testen, ob der Kuchen fertig gebacken ist.

❸ Für das **Topping** den Rohrzucker mit dem Orangensaft kurz sirupartig aufkochen, dann die Johannisbeeren, die abgeriebene Orangenschale und den Thymian zugeben und erneut erwärmen. Das Topping getrennt zum Kuchen servieren.

KOKOS-KÄSESAHNE
MIT BLAUBEEREN UND MANDARINEN

Eine Springform einfetten und mehlen. Den Backofen auf 175 °C vorheizen.

❶ Für den **Boden** die Vanilleschote der Länge nach aufschneiden und das Mark herauslösen. Die Kokossahne mit dem Vanillemark und der Zitronenschale steif aufschlagen. Mehle, Zucker, Backpulver und Salz mischen. Die Sahne abwechselnd mit dem Sojadrink und dem Öl unterheben. Die Masse in der Springform gleichmäßig verteilen und bei 175 °C ca. 40 Minuten backen (Stäbchenprobe). Den Boden auskühlen lassen und mit einem scharfen Messer quer in zwei Scheiben schneiden. Den ersten Boden in einen Tortenring legen.

❷ Für die **Sahnefüllung** den Joghurtersatz am Vortag in ein mit Küchentuch ausgelegtes feines Sieb geben und über Nacht abtropfen lassen. So bekommen Sie Soja-Frischkäse. Die Vanilleschote der Länge nach aufschneiden und das Mark herauslösen. Den Soja-Frischkäse mit der Apfelsüße verrühren, Vanillemark, Saft und Schale der Orange mit dem Agar-Agar, dem Pfeilwurzmehl und 100 ml von der Kokossahne verrühren und ca. 1 Minute aufkochen. Die restliche Sahne steif schlagen, dann nach und nach den Soja-Frischkäse unter die Agar-Agar-Masse rühren und sofort die restliche Kokossahne mit den Früchten und dem Cointreau unterheben. Diese Masse sofort auf dem unteren Boden verteilen. Mit dem zweiten Boden bedecken, anpressen und im Kühlschrank für ca. 4 Stunden kühlen und ruhen lassen.

❸ Vorsichtig aus dem Ring lösen und als **Dekoration** mit Puderzucker besieben.

FÜR DEN BODEN
1 Vanilleschote
300 ml Kokossahne
Abgeriebene Schale von **einer halben** Bio-Zitrone
2 EL Kichererbsenmehl
300 g Weizenmehl Type 550
200 g Zucker
2 TL Weinsteinbackpulver
1 Prise Meersalz
70 ml Sojadrink
100 ml Sonnenblumenöl

SAHNEFÜLLUNG
1 kg Joghurtersatz aus Soja
1 Vanilleschote
120 ml Apfelsüße
Abgeriebene Schale und Saft von **einer** Bio-Orange
3 TL Agar-Agar-Pulver
1 TL Pfeilwurzmehl
350 ml Kokossahne
3 EL Cointreau (Orangenlikör)
1 Dose Mandarinen, abgetropft (175 g)
125 g frische Blaubeeren

DEKORATION
Puderzucker

ORANGEN-MAKRONEN-TORTE

EINE SPRINGFORM (Ø 26 CM)
BACKZEIT: 70 MINUTEN PLUS KÜHLZEIT

FÜR DIE BISKUITMASSE

1 Vanilleschote
100 g vegane Bitterkuvertüre, geraspelt
240 g Weizenmehl Type 550
2 TL Weinsteinbackpulver
½ TL Natron
100 g Zucker
1 Prise Meersalz
20 g Mandelmus
60 ml Mandelöl
200 ml Mineralwasser mit Kohlensäure

KIRSCHFÜLLUNG

250 g Sauerkirschen, TK
Abgeriebene Schale und Saft von **einer
halben** Bio-Orange
50 g Zucker
30 g Speisestärke

MAKRONENMASSE

300 g fester Tofu
300 g Marzipanrohmasse
½ Vanilleschote
2 EL Mandelöl
Abgeriebene Schale
von **einer halben** Bio-Orange
60 g Puderzucker
Etwas Rosenöl
(je nach Qualität und Geschmack)
1 Prise Meersalz
30 g Mandelmus
1 TL Amaretto (Mandellikör)
Saft von **einer halben** Bio-Orange

GARNITUR

100 g Aprikosenkonfitüre
100 g Mandelblättchen, geröstet

❶ Für die **Biskuitmasse** eine Spring-form einfetten und mehlen; den Ofen auf 180°C vorheizen. Die Vanilleschote der Länge nach aufschneiden und das Mark herauslösen. Kuvertüre, Mehl, Backpulver, Natron, Zucker und Salz mischen und beiseitestellen. Die restlichen Zutaten in einem Mixer mischen, dann nach und nach die Trockenmischung einrühren. Die Masse in die vorbereitete Form füllen und zum Rand hin hochstreichen. Bei 180°C ca. 40 Minuten backen (Stäbchenprobe). Ausdampfen und auf einem Kuchengitter auskühlen lassen. Sobald sich der Boden schneiden lässt, mit einem scharfen Messer quer in zwei gleich dicke Scheiben schneiden.

❷ Für die **Kirschfüllung** die Sauerkirschen auftauen, Kirschsaft abgießen und aufbewahren. Den Kirschsaft mit dem Orangensaft und der Schale erhitzen, Zucker mit Speisestärke mischen und unter den Kirschsaft rühren. So lange kochen, bis die Stärke abgebunden hat. Abgetropfte Kirschen unterheben. Die Masse kalt werden lassen. Diese Masse dann auf dem unteren Tortenboden verteilen und mit dem zweiten Boden bedecken.

❸ Für die **Makronenmasse** den Tofu durch ein feines Sieb streichen, dann nach und nach stückchenweise das Marzipan unterarbeiten. Die Vanilleschote der Länge nach aufschneiden und das Mark herauslösen. Das Vanillemark und die restlichen Zutaten bis auf den Orangensaft zugeben und verrühren, bis eine dressierfähige Masse entstanden ist.

200 Gramm dieser Masse mit etwas Orangensaft verdünnen, bis sie streichfähig ist. Dann die Torte damit rundherum einstreichen und im Ofen ca. 15 Minuten bei 180°C backen.

Dann die restliche, festere Masse in einen stabilen Spritzbeutel mit einer 8er Lochtülle füllen und ein Muster auf die Torte garnieren. Die Torte erneut bei 200°C im Ofen ca. 15 Minuten backen, bis die Torte schön gebräunt ist. (Das kann je nach Ofen unterschiedlich lange dauern.)

❹ Für die **Garnitur** den Rand der ausgekühlten Torte mit der aufgekochten, heißen Aprikosenkonfitüre einstreichen und mit den Mandelblättchen bestreuen.

MOHNTORTE
MIT KIRSCH-
UND ZITRONENSAHNE

FÜR DEN MOHNBODEN

220 g Weizenmehl Type 405
50 g frisch gemahlener Mohn
1 **Prise** Salz
2 **TL** Weinsteinbackpulver
1 Vanilleschote
Abgeriebene Schale von
einer Bio-Zitrone
4 **EL** Mohnöl
110 g Zucker
240 ml Mineralwasser mit Kohlensäure

KIRSCHSAHNE

½ Vanilleschote
220 g Sauerkirschen (TK), püriert
Abgeriebene Schale und Saft von **einer**
halben Bio-Zitrone
40 g Kakaobutter
100 g Puderzucker
1 **TL** Guarkernmehl
200 ml Kokossahne

ZITRONENSAHNE

Saft und abgeriebene Schale von **zwei**
Bio-Zitronen
2 **TL** Agar-Agar-Pulver
80 g Puderzucker
400 g Seidentofu
200 ml Kokossahne

KIRSCHGELEE

1 Vanilleschote
250 g Sauerkirschen (TK), püriert
Abgeriebene Schale und Saft von **einer**
halben Bio-Zitrone
100 g Zucker
1 g Agar-Agar-Pulver
Geschlagene Kokossahne
(zum Garnieren)
Mohnbrösel (zum Garnieren)

Eine Springform einfetten und mehlen. Den Backofen auf 175 °C vorheizen.

❶ Für den **Mohnboden** Mehl mit Mohn, Salz und Backpulver mischen. Die Vanilleschote der Länge nach aufschneiden und das Mark herauslösen. Das Vanillemark zusammen mit den restlichen Zutaten zu einer glatten Flüssigkeit mixen und diese dann unter die Mehlmischung rühren. In die Springform gießen und gleichmäßig darin verteilen. Bei 175 °C ca. 35 Minuten backen (Stäbchenprobe). Sobald der Boden ausgekühlt ist, zwei gleich dicke gerade Scheiben schneiden. Dabei den Rand abschneiden und zum Bestreuen zerbröseln. Den ersten Tortenboden in eine größere Springform geben und mit einem Tortenring umstellen.

❷ Für die **Kirschsahne** die Vanilleschote der Länge nach aufschneiden und das Mark herauslösen. Dann 2 Esslöffel Sauerkirschpüree mit der Zitronenschale und der Vanille kurz aufkochen, die Kakaobutter darin auflösen und nach und nach das restliche Kirschpüree unterrühren. Den Puderzucker mit dem Guarkernmehl versieben, die Kokossahne unterrühren und steif schlagen. Diese Schlagsahne unter die noch lauwarme Kirschmasse heben. Die Kirschsahne sofort auf dem ersten Boden verteilen und mit dem zweiten Boden bedecken.

❸ Für die **Zitronensahne** den Zitronensaft mit dem Agar-Agar mischen und aufkochen. Dann den Puderzucker und die Zitronenschale zugeben und erneut für ca. 1 Minute kochen. Den Tofu fein pürieren und nach und nach unter die noch heiße Agar-Agar-Masse rühren. Die Kokossahne steif schlagen und unterheben, dann die Masse sofort auf den zweiten Tortenboden füllen und gleichmäßig verteilen. Die Torte für 4 Stunden kühl stellen.

❹ Für das **Kirschgelee** zuerst die Vanilleschote der Länge nach aufschneiden und das Mark herauslösen. Sauerkirschpüree mit Zitronensaft und Schale mischen, dann Zucker, Vanillemark und Agar-Agar ebenfalls mischen. Beides vermischen und ca. 1 Minute aufkochen. Dann auf mindestens 40 °C abkühlen lassen und auf der Torte verteilen. Durch die Kälte der Torte geliert das Kirschgelee.

Die Torte vorsichtig aus der Form lösen und den Rand mit etwas geschlagener Kokossahne einstreichen und mit Kuchenbröseln garnieren.

ENGADINER NUSSTORTE

FÜR DEN MÜRBTEIG

½ Vanilleschote
200 g Weizenmehl Type 405
1 TL Weinsteinbackpulver
1 ½ EL Kichererbsenmehl
125 g vegane Margarine
150 g Zucker
5 EL Haselnussdrink
Abgeriebene Schale von **einer halben** Bio-Zitrone
1 Prise Salz

BELAG

70 ml Reissirup
200 g Zucker
1 Vanilleschote
200 ml Haferdrink plus etwas zum Bestreichen
1 **Prise** Meersalz
300 g Walnüsse, geröstet und gehackt

DEKORATION

100 g Zucker
6-8 Walnüsse, geschält und halbiert

Eine Springform ausfetten und mehlen.

❶ Für den **Mürbteig** die Vanilleschote der Länge nach aufschneiden und das Mark herauslösen. Mehl, Backpulver und Kichererbsenmehl versieben und dann mit den anderen Zutaten rasch zu einem Teig verkneten. In Frischhaltefolie einwickeln und ca. 1 Stunde kalt stellen. Dann den Mürbteig ca. 3 mm dünn ausrollen und zuerst mit dem Ring der Springform den Deckel der Torte ausstechen. Den restlichen Mürbteig ausrollen und die Springform randhoch damit auslegen.

Den Backofen auf 180 °C vorheizen.

❷ Für den **Belag** den Reissirup in einer Pfanne erhitzen, dann nach und nach den Zucker dazugeben und hell karamellisieren lassen. Die Pfanne vom Herd nehmen. Die Vanilleschote der Länge nach aufschneiden und das Mark herauslösen. Den Haferdrink mit dem Vanillemark und dem Salz aufkochen und den Karamell damit ablöschen. Die Masse gegebenenfalls etwas einkochen und dann die gehackten Walnüsse unterrühren. Diese Masse sofort gleichmäßig auf dem Mürbteig in der Springform verteilen, dann den überschüssigen Mürbteig nach innen umklappen und mit dem vorher ausgerollten Mürbteig-Deckel verschließen. Mit etwas Haferdrink bestreichen und mit einer Gabel Löcher in den Deckel stechen. Dann im vorgeheizten Backofen bei 180 °C ca. 40 Minuten backen. Komplett auskühlen lassen und vorsichtig aus der Form lösen.

❸ Für die **Dekoration** in einer Pfanne nach und nach den Zucker zu Karamell schmelzen lassen, dann die Pfanne vom Herd nehmen und die Walnüsse in dem Karamell wenden. Noch heiß über der Torte verteilen.

☞ Seien Sie bitte ganz besonders vorsichtig beim Dekorieren der Torte. Der Karamell ist extrem heiß. Verbrennungen damit sind sehr schmerzhaft.

PFIRSICHGUGELHUPFE
MIT ROSMARIN

LINZER TÖRTCHEN

PFIRSICHGUGELHUPFE
MIT ROSMARIN

Die Pfirsiche durch ein Sieb abseihen. Dann Mandeln, Mehl, Backpulver, Zucker und Salz mischen. Die Vanilleschote der Länge nach aufschneiden und das Mark herauslösen.

Den Backofen auf 160 °C vorheizen.

Das Marzipan mit Mandeldrink, Öl, Sauerrahmersatz, Rosmarin und Vanillemark mit einem Mixer zu einer glatten Masse mixen, diese dann mit dem Mehlgemisch verrühren und die Pfirsichwürfel vorsichtig unterrühren. Die Masse in Mini-Gugelhupf-Formen aus Silikon füllen und bei 160°C je nach Größe ca. 20–25 Minuten backen. Auskühlen lassen und dann vorsichtig aus der Form lösen.

IO KLEINE GUGELHUPF-FORMEN
BACKZEIT: 20–25 MINUTEN

ZUTATEN FÜR DEN KUCHEN
1 kleine Dose Pfirsiche, gewürfelt
30 g weiße Mandeln, gerieben
120 g Dinkelmehl
1 ½ TL Weinsteinbackpulver
40 g Rohrzucker
1 Prise Salz
½ Vanilleschote
60 g Marzipan
100 ml Mandeldrink
3 EL Mandelöl
100 g Sauerrahmersatz aus Soja
1 Zweig gehackter frischer Rosmarin

Rosmarinus officinalis

LINZER TÖRTCHEN

12 KLEINE TARTERINGE (Ø 10 CM)
BACKZEIT: 50 MINUTEN PLUS RUHEZEIT

FÜR DEN TEIG

1 Vanilleschote
100 g Haselnüsse, geröstet und gerieben
100 g gemahlene Mandeln
200 g Weizenmehl Type 550
½ TL Weinsteinbackpulver
120 g Rohrzucker
1 Prise Meersalz
Abgeriebene Schale von **einer halben** Bio-Zitrone
1 TL Zimtpulver
¼ TL gemahlene Nelken
150 g Kokosfett
2 EL (1 Schnapsglas) Rum

FÜLLUNG

250 g Himbeerkonfitüre
2 EL (1 Schnapsglas) Kirschwasser

DEKORATION

Eventuell etwas Puderzucker

❶ Für den **Teig** die Vanilleschote der Länge nach aufschneiden und das Mark herauslösen. Haselnüsse mit Mandeln, Mehl, Backpulver, Rohrzucker, Salz und den Gewürzen mischen, dann nach und nach das Kokosfett, den Rum und 80 ml kaltes Wasser unterkneten. In Folie einwickeln und ca. 1 Stunde im Kühlschrank ruhen lassen. Anschließend den Teig halbieren. Die eine Hälfte ausrollen und in kleine Tortenringe einlegen, dann aus der zweiten Hälfte Würste rollen, die Ränder damit auslegen.

❷ Für die **Füllung** die Himbeerkonfitüre mit dem Kirschwasser aufkochen und den Boden damit befüllen. Mit den restlichen Würsten ein Gitter auflegen. Im vorgeheizten Backofen bei 160 °C ca. 50 Minuten backen. Auskühlen lassen und vorsichtig aus der Form lösen.

❸ Als **Dekoration** die Törtchen mit Puderzucker besieben.

SYZYGIUM aromaticum

KAROTTEN
KUCHEN

EINE SPRINGFORM (Ø 24 CM)
BACKZEIT: 60 MINUTEN

FÜR DEN TEIG

1 Vanilleschote
240 g Dinkelmehl Type 630
200 g gemahlene Mandeln
200 g gemahlene Haselnüsse
30 g Weinsteinbackpulver
1 Prise Meersalz
1/2 TL Zimtpulver
1 Prise gemahlene Nelken
400 ml Kokossahne
400 g Rohrzucker
400 g Karotten
Abgeriebene Schale und Saft von einer Bio-Zitrone

DEKORATION

200 g Aprikosenkonfitüre
50 g gehobelte geröstete Mandeln
300 g Marzipan für die Decke
Vegane orangefarbene Lebensmittelfarbe
1 kleine Karotte, als Spaghetti geraspelt
8–10 Pistazien, halbiert

Den Backofen auf 180 °C vorheizen.

❶ Für den **Teig** die Vanilleschote der Länge nach aufschneiden und das Mark herauslösen. Mehl mit Mandeln, Haselnüssen, Backpulver, Vanillemark, Salz, Zimt und Nelken mischen.

Die Kokossahne steif schlagen und mit dem Zucker mischen. Die Karotten raspeln und mit der Zitronenschale und dem Saft mischen. Nach und nach, abwechselnd mit dem Mehlgemisch, mit einem Rührlöffel unter die Sahne heben. Dann die Masse in eine gefettete und gemehlte Springform füllen.

Bei 180 °C ca. 60 Minuten backen (Stäbchenprobe). Auskühlen lassen und dann vorsichtig aus der Form lösen.

❷ Für die **Dekoration** die Aprikosenkonfitüre mit etwas Wasser aufkochen, den Kuchen damit bestreichen (etwas für die Karottenspaghetti aufheben) und den Rand mit den gehobelten Mandeln bestreuen.

Das Marzipan dünn mit etwas Puderzucker ausrollen und mit dem Ring der Springform ausstechen. Die Marzipandecke dann wie einen Teppich locker aufrollen und auf der Karottentorte wieder ausrollen. Die Karotte als Spaghetti raspeln, in einer Pfanne kurz mit der restlichen Aprikosenkonfitüre erwärmen und auf der Mitte der Torte verteilen. Mit einigen halbierten Pistazien dekorieren. Das restliche Marzipan mit der Lebensmittelfarbe einfärben und daraus 6 Karotten modellieren. Für das Grün die restlichen Pistazien verwenden. Auch diese auf der Torte dekorieren.

DONAUWELLE

FÜR DEN TEIG

250 g vegane Margarine
200 g Zucker
Abgeriebene Schale von **einer** Bio-Orange
60 g Sojamehl
500 g Weizenmehl Type 550
1 gehäufter EL Weinsteinbackpulver
1 Prise Meersalz
100 g vegane Bitterkuvertüre (mindestens 70 % Kakaoanteil)
800 g Sauerkirschen (TK)

VEGANE MARGARINECREME

1 l Reisdrink
3 Päckchen veganes Vanillepuddingpulver oder **120 g** Speisestärke
250 g Zucker
1 Vanilleschote
1 Prise Salz
150 g vegane Margarine

GLASUR

250 g vegane Bitterkuvertüre
25 g Kokosfett

Ein Backblech mit Backpapier belegen und den Ofen auf 180 °C vorheizen.

❶ Für den **Teig** die Margarine mit Zucker und Orangenschale schaumig rühren. Dann das Sojamehl mit 290 ml Wasser anrühren und nach und nach zur Margarine geben. Das Weizenmehl mit dem Backpulver und dem Salz versieben und die Mehlmischung nach und nach ebenfalls unter die Margarine rühren. Die Hälfte der Masse auf dem vorbereiteten Backblech verstreichen.

Die Kuvertüre erwärmen und mit etwas Wasser zu einer Paste anrühren. Mit dieser Paste die zweite Hälfte des Teiges einfärben und gleichmäßig auf der ersten hellen Masse verteilen. Dann mit einer Gabel marmorieren und die aufgetauten, abgetropften Sauerkirschen darauf verteilen. Den Kuchen ca. 30 Minuten backen, dann vollständig auskühlen lassen.

❷ Für die **vegane Margarinecreme** etwas Reisdrink mit dem Puddingpulver (Speisestärke) und dem Zucker klumpenfrei anrühren. Die Vanilleschote der Länge nach aufschneiden und das Mark herauslösen. Vanilleschote und -mark zum restlichen Reisdrink geben und zusammen mit dem Salz aufkochen. Die Puddingmischung mit einem Schneebesen unterrühren und kurz köcheln lassen. Die Vanilleschote entfernen, den Pudding auf ein Backblech gießen und mit Frischhaltefolie bedecken, damit sich keine Haut bildet. Gut abkühlen lassen, ggf. kurz tiefkühlen. Die Margarine so schaumig wie möglich schlagen. Dann nach und nach den abgekühlten Vanillepudding unterrühren. Die Creme gleichmäßig auf dem Kuchen verteilen und erneut kühlen.

❸ Für die **Glasur** die Bitterschokolade im Wasserbad oder in der Mikrowelle bis zu einer Temperatur von ca. 30 °C erhitzen. Das Kokosfett darin auflösen und die Glasur auf der gekühlten Donauwelle verteilen. So lange bearbeiten, bis die Glasur wellig fest wird. Mit einem heißen Messer in Portionsstücke schneiden.

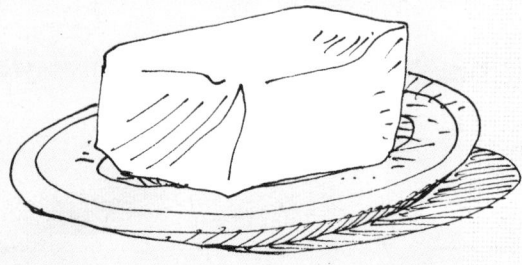

PECAN PEANUT
AVOCADO BROWNIES

EINE BACKFORM 23 × 33 CM
BACKZEIT: 20 MINUTEN

1 Vanilleschote
250 g Erdnussbutter
340 g Bitterschokolade
½ TL Meersalz
1 Avocado, geschält und entkernt
350 g Zucker
1 EL Ahornsirup
125 ml Sojadrink
125 ml Rapsöl
250 g Weizenmehl Type 405
1 gehäufter TL Weinsteinbackpulver
150 g Pecannüsse

Den Backofen auf 175 °C vorheizen.

Die Vanilleschote der Länge nach aufschneiden und das Mark herauslösen. Die Erdnussbutter in einem Topf zum Schmelzen bringen, dann die Schokolade, Vanillemark, Salz und Avocado zugeben und ebenfalls schmelzen lassen. Den Zucker und den Ahornsirup zugeben und unter ständigem Rühren ca. 5 Minuten köcheln lassen. Sojadrink und Öl untermixen. Das Mehl mit dem Backpulver versieben und mit einem Schneebesen unter die gekochte Masse rühren.

Die Masse gleichmäßig in einer mit Backpapier ausgelegten Backform (23 × 33 cm) verteilen und mit den Pecannüssen belegen. Bei 175 °C ca. 20 Minuten backen. Auskühlen lassen und in Portionsstücke schneiden.

☞ Das Rapsöl in diesem Rezept kann ohne weiteres gegen ein anderes Öl ausgetauscht werden. Dabei sollte man beachten, dass Nussöle über ein stärkeres Aroma verfügen als das Rapsöl.

HEFE-FLECKENKUCHEN
MIT TOFU-BANANENCREME

EINE TARTEFORM (Ø 24 CM)
BACKZEIT: 45 MINUTEN PLUS GEHZEITEN

FÜR DEN HEFETEIG

10 g frische Hefe
150 ml Reisdrink
3 TL Agavendicksaft
250 g Weizenmehl Type 405
2 EL Walnussöl
½ Vanilleschote
1 Prise Meersalz

MOHNBELAG

100 ml Haferdrink
100 g frisch gemahlener Mohn
50 g Zucker
30 g Semmelbrösel (vegan)
Abgeriebene Schale von **einer** halben Bio-Zitrone
1 Prise Meersalz
20 g in Rum eingeweichte Sultaninen

TOFU-BANANENCREME

100 g fester Tofu (abgetropft)
150 g reife geschälte Bananen
1 EL Zitronensaft
Abgeriebene Schale von **einer viertel** Bio-Zitrone
1 Prise Meersalz
15 g Pfeilwurzmehl

PREISELBEERBELAG

½ Vanilleschote
125 g Preiselbeerkonfitüre
1 Prise schwarzer Pfeffer

ZIMTSTREUSEL

100 g Weizenmehl Type 405
60 g Rohrzucker
½ TL Zimtpulver
1 Prise Meersalz
5 EL Rapsöl

Den Backofen auf 190 °C vorheizen.

❶ Für den **Hefeteig** alle Zutaten Raumtemperatur annehmen lassen. In einer Schüssel die Hefe in dem lauwarmen Reisdrink und dem Agavendicksaft auflösen. Dann das Mehl darauf sieben und alles ca. 30 Minuten mit einem Küchentuch zugedeckt gehen lassen. Sobald sich Risse auf dem Mehl zeigen, kann mit dem Kneten begonnen werden. Die Vanilleschote der Länge nach aufschneiden und das Mark herauslösen. Öl, Salz und Vanillemark zum Teig geben und so lange kneten, bis der Teig nicht mehr klebrig, sondern glatt und geschmeidig ist. Den Teig nun erneut zugedeckt ca. 30 Minuten gehen lassen. Dann zusammenschlagen und erneut kurz durchkneten. Zugedeckt noch einmal ca. 30 Minuten gehen lassen.

Den Teig mit etwas Mehl auf die Größe der Tarteform ausrollen und in die gefettete Form legen.

❷ Für den **Mohnbelag** den Haferdrink aufkochen. Bis auf die Sultaninen alle anderen Zutaten mischen, dann den kochenden Haferdrink mit einem Schneebesen unterrühren und einige Minuten köcheln lassen. Die Sultaninen unterrühren und etwas abkühlen lassen.

❸ Für die **Tofu-Bananencreme** alle Zutaten in einem Mixer zu einer glatten Masse pürieren.

❹ Für den **Preiselbeerbelag** die Vanilleschote der Länge nach halbieren und das Mark herauslösen. Konfitüre, Vanille und den Pfeffer kurz einkochen und wieder erkalten lassen.

❺ Für die **Zimtstreusel** alle Zutaten mit einem groben Schneebesen zu Streuseln mischen und im Kühlschrank beiseitestellen.

Zuerst die Mohnmasse klecksweise auf dem Hefeteig verteilen. Dann mit den anderen Belägen genauso verfahren, bis alles bedeckt ist. Die Streusel locker auf dem Kuchen verteilen. Bei 190 °C ca. 45 Minuten backen. Auf einem Kuchengitter auskühlen lassen und in Portionsstücke schneiden.

☞ **Für einen Blechkuchen verdoppeln
Sie einfach die Menge der Zutaten.**

RHABARBER–APFEL–
STREUSEL

RHABARBER-APFEL-
STREUSEL

EINE SPRINGFORM (Ø 24 CM)
BACKZEIT: 40 MINUTEN

Eine Springform ausfetten und mehlen.

❶ Für den **Sandkuchen** die Vanille-schote der Länge nach halbieren und das Mark herauslösen. Margarine mit Zucker, Salz und den Gewürzen schau-mig schlagen. Mehl, Backpulver und Sojamehl versieben und im Wechsel mit dem Reisdrink unter die Margarine rühren. Die Masse in die vorbereite-te Springform geben und gleichmäßig verteilen.

❷ Für die **Fruchtauflage** den Rhabar-ber schälen und in Stücke schneiden. Äpfel schälen, entkernen und in Stücke schneiden. Die Rhabarberstücke und die Apfelstücke auf der Sandmasse ver-teilen.

❸ Für die **Streusel** Margarine mit Zu-cker, Zitronenabrieb und einer Prise Meersalz verkneten, dann nach und nach das Mehl unterkneten damit sich Streusel bilden. Diese auf den Früch-ten verteilen. Kuchen im vorgeheizten Ofen bei 190 °C ca. 40 Minuten backen. Auf einem Kuchengitter auskühlen lassen.

FÜR DEN SANDKUCHEN
100 g vegane Margarine (Raumtemperatur)
100 g Rohrzucker
1 Prise Salz
½ Vanilleschote
Schalenabrieb **einer halben** Bio-Zitrone
250 g Weizenmehl Type 550
8 g Weinsteinbackpulver
1 **EL** Sojamehl
125 ml Reisdrink

FRUCHTAUFLAGE
230 g Rhabarber
250 g Äpfel

STREUSEL
75 g vegane Margarine
100 g Rohrzucker
Abrieb **einer halben** Bio-Zitrone
1 Prise Meersalz
100 g Weizenmehl Type 550

PECANNUSS-
CRUMBLE-SCHNITTE

EIN BACKBLECH
BACKZEIT: 25–30 MINUTEN PLUS RUHEZEIT

FÜR DEN KUCHEN
1 Vanilleschote
240 g Weizenmehl Type 550
50 g Kichererbsenmehl
½ **TL** Weinsteinbackpulver
50 g Pecannüsse, gehackt
1 **Prise** Meersalz
50 g getrocknete Cranberrys
50 g getrocknete Sauerkirschen
Abgeriebene Schale von **einer halben** Bio-Orange
100 g verflüssigtes Kokosfett
100 g Rohrzucker
2 **EL** Ahornsirup
100 g Joghurtersatz aus Soja
50 g Apfelbrei

STREUSEL
20 g weiße gemahlene Mandeln
45 g Kokosfett
30 g Zucker
90 g Weizenmehl Type 550
1 **Prise** Salz
Abgeriebene Schale von **einer** Bio-Zitrone

❶ Für den **Kuchen** die Vanilleschote der Länge nach aufschneiden und das Mark herauslösen. Mehl, Kichererb-senmehl, Backpulver, Nüsse und Salz mischen. Dann die restlichen Zutaten einrühren, bis ein fester Teig entsteht. Diesen in einen Backrahmen streichen.

Den Backofen auf 180 °C vorheizen.

❷ Für die **Streusel** alle Zutaten mitein-ander leicht verkneten. Den Kuchenteig mit den Streuseln bedecken und leicht andrücken. Bei 180°C ca. 25-30 Minu-ten backen. Auskühlen lassen und in Portionsstücke schneiden.

ELSÄSSER APFELSCHNITTE

EIN BACKBLECH
BACKZEIT: 45 MINUTEN PLUS GEHZEITEN

FÜR DEN HEFETEIG

20 g frische Hefe
300 ml handwarmer Haferdrink
2 EL Agavendicksaft
500 g Weizenmehl Type 405
1 Vanilleschote
3 EL Olivenöl
1 Prise Meersalz
Abgeriebene Schale von **einer** Bio-Zitrone

BELAG

800 g Äpfel
100 g gestiftelte Mandeln
50 g in Weißwein eingeweichte Sultaninen
100 g Rohrzucker

Das Backblech mit Backpapier belegen und den Backofen auf 190 °C vorheizen.

❶ Für den **Hefeteig** die Zutaten Raumtemperatur annehmen lassen. In einer Schüssel die Hefe in dem handwarmen Haferdrink und dem Agavendicksaft auflösen. Dann das Mehl darauf sieben und alles ca. 30 Minuten mit einem Küchentuch zugedeckt gehen lassen. Sobald sich Risse auf dem Mehl zeigen, kann mit dem Kneten begonnen werden. Die Vanilleschote der Länge nach aufschneiden und das Mark herauslösen. Öl, Salz, Zitronenschale und Vanillemark zugeben und so lange kneten, bis der Teig nicht mehr klebrig, sondern glatt und geschmeidig ist.

Den Teig nun erneut zugedeckt ca. 30 Minuten gehen lassen. Dann zusammenschlagen und erneut kurz durchkneten und noch einmal zugedeckt ca. 30 Minuten gehen lassen. Den Teig mit etwas Mehl bestäuben, auf Backblechgröße ausrollen und das vorbereitete Blech damit belegen.

❷ Für den **Belag** die Äpfel schälen, entkernen und in Schnitze schneiden. Die Schnitze schuppenförmig auf den Hefeteig belegen, dann mit Mandeln, Sultaninen und Rohrzucker bestreuen und bei 190 °C ca. 45 Minuten backen. Auf einem Kuchengitter auskühlen lassen und in Portionsstücke schneiden.

EIN BACKBLECH
BACKZEIT: 45 MINUTEN PLUS GEHZEITEN

FÜR DEN HEFETEIG
20 g frische Hefe
300 ml lauwarmer Haferdrink
2 EL Agavendicksaft
500 g Weizenmehl Type 405
4 EL Olivenöl
1 Prise Meersalz
Abgeriebene Schale von **einer** Bio-Zitrone

STREUSEL
200 g Weizenmehl Type 405
125 g Rohrzucker
1 Vanilleschote
Abgeriebene Schale von **einer halben** Bio-Zitrone
1 Prise Meersalz
90 ml Olivenöl

STREUSEL-KUCHEN

Das Backblech mit Backpapier belegen und den Backofen auf 190 °C vorheizen.

❶ Für den **Hefeteig** die Zutaten Raumtemperatur annehmen lassen. In einer Schüssel die Hefe in dem lauwarmen Haferdrink mit dem Agavendicksaft auflösen. Dann das Mehl darauf sieben und alles ca. 30 Minuten mit einem Küchentuch zugedeckt gehen lassen. Sobald sich Risse auf dem Mehl zeigen, kann mit dem Kneten begonnen werden. Öl, Salz und Zitronenschale zugeben und so lange kneten, bis der Teig nicht mehr klebrig, sondern glatt und geschmeidig ist.

Den Teig nun erneut zugedeckt ca. 30 Minuten gehen lassen. Dann zusammenschlagen, erneut kurz durchkneten und noch einmal zugedeckt ca. 30 Minuten gehen lassen. Den Teig mit etwas Mehl bestäuben, auf Backblechgröße ausrollen und das vorbereitete Blech damit belegen.

❷ Für die **Streusel** die Vanilleschote der Länge nach halbieren und das Mark herauslösen. Alle Zutaten in eine Schüssel geben und mit einem groben Schneebesen zu Streuseln mischen. Diese auf dem Hefeteig verteilen. Bei 190°C ca. 45 Minuten backen. Auf einem Kuchengitter auskühlen lassen und in Portionsstücke schneiden.

ZWETSCHGENDATSCHI

FÜR DIE STREUSEL
200 g Weizenmehl Type 405
125 g Rohrzucker
¼ TL Zimtpulver
Abgeriebene Schale von **einer** Bio-Orange
1 **Prise** Meersalz
90 ml Walnussöl

HEFETEIG
20 g frische Hefe
300 ml lauwarmer Haferdrink
2 **EL** Agavendicksaft
500 g Weizenmehl Type 405
4 **EL** Olivenöl
1 **Prise** Meersalz
Abgeriebene Schale von **einer** Bio-Zitrone

BELAG
800 g Zwetschgen
100 g Rohrzucker
¼ TL Zimtpulver

Das Backblech mit Backpapier belegen und den Backofen auf 150 °C vorheizen.

❶ Für die **Streusel** alle Zutaten in eine Schüssel geben und mit einem groben Schneebesen zu Streuseln mischen. Diese auf einem mit Backpapier belegten Backblech verteilen und bei 150 °C ca. 25 Minuten backen.

❷ Für den **Hefeteig** die Zutaten Raumtemperatur annehmen lassen. In einer Schüssel die Hefe in dem lauwarmen Haferdrink mit dem Agavendicksaft auflösen. Dann das Mehl darauf sieben und alles ca. 30 Minuten mit einem Küchentuch zugedeckt gehen lassen. Sobald sich Risse auf dem Mehl zeigen, kann mit dem Kneten begonnen werden. Öl, Salz und Zitronenschale zugeben und so lange kneten, bis der Teig nicht mehr klebrig, sondern glatt und geschmeidig ist.

Den Teig nun erneut zugedeckt ca. 30 Minuten gehen lassen. Dann zusammenschlagen, erneut kurz durchkneten und noch einmal zugedeckt ca. 30 Minuten gehen lassen. Den Teig mit etwas Mehl bestäuben, auf Backblechgröße ausrollen und ein vorbereitetes Blech damit belegen.

❸ Für den **Belag** die Zwetschgen entsteinen, in Schnitze schneiden und schuppenförmig auf den Hefeteig legen. Rohrzucker und Zimt mischen und Zwetschgen damit bestreuen. Bei 190 °C ca. 45 Minuten backen.

Auskühlen lassen und dann mit den vorgebackenen Streuseln bestreuen.

FÜR DEN HEFETEIG

20 g frische Hefe
300 ml lauwarmer Haselnussdrink
3 EL Agavendicksaft
500 g Weizenmehl Type 405
4 EL Haselnussöl
1 Prise Meersalz

MOHNBELAG

1 Vanilleschote
800 ml Haferdrink
60 ml Haselnussöl
100 g gehackte Haselnüsse
400 g frisch gemahlener Mohn
90 g Weizengrieß
150 g Rohrzucker
1 Prise Meersalz
Abgeriebene Schale von **einer** Bio-Zitrone
100 g in Rum eingeweichte Sultaninen

STREUSEL

400 g Weizenmehl Type 405
250 g Rohrzucker
2 TL Zimtpulver
1 Prise Meersalz
180 ml Rapsöl

Das Backblech mit Backpapier belegen.

❶ Für den **Hefeteig** die Zutaten Raumtemperatur annehmen lassen. In einer Schüssel die Hefe in dem lauwarmen Haselnussdrink und dem Agavendicksaft auflösen. Dann das Mehl darauf sieben und alles ca. 30 Minuten mit einem Küchentuch zugedeckt gehen lassen. Sobald sich Risse auf dem Mehl zeigen, kann mit dem Kneten begonnen werden. Öl und Salz zugeben und so lange kneten, bis der Teig nicht mehr klebrig, sondern glatt und geschmeidig ist. Den Teig erneut zugedeckt ca. 30 Minuten gehen lassen. Dann zusammenschlagen, kurz durchkneten und noch einmal zugedeckt ca. 30 Minuten gehen lassen.

❷ Während der Hefeteig geht, den **Mohnbelag** herstellen. Dazu die Vanilleschote der Länge nach aufschneiden und das Mark herauslösen. Haferdrink mit dem Öl aufkochen. Bis auf die Sultaninen alle anderen Zutaten mischen, dann den kochenden Haferdrink mit einem Schneebesen unterrühren und einige Minuten köcheln lassen. Die Sultaninen unterrühren und etwas abkühlen lassen.

❸ Für die **Streusel** alle Zutaten zu Streuseln mischen und im Kühlschrank beiseitestellen.

Den Backofen auf 190 °C vorheizen.

Den Teig mit etwas Mehl bestäuben, auf Backblechgröße ausrollen und das Blech damit belegen. Zuerst die lauwarme Mohnmasse auf dem Hefeteig verteilen. Dann die Streusel locker darauf verteilen.

Bei 190 °C ca. 45 Minuten backen. Auf einem Kuchengitter auskühlen lassen und in Portionsstücke schneiden.

POLNISCHER
MOHN-HEFE-STREUSEL

FÜR DEN HEFETEIG

30 g frische Hefe

400 ml Haferdrink plus etwas zum Bestreichen

150 g Zucker

750 g Dinkelmehl Type 630

1 Vanilleschote

100 ml Rapsöl

Abgeriebene Schale von **einer halben** Bio-Zitrone

½ TL feines Meersalz

OPTIONAL ALS FÜLLUNG UND/ODER BELAG

100 g Rosinen (nach Geschmack, können auch weggelassen werden)

50 g Mandeln (gehobelt oder gestiftelt, nach Geschmack)

50 g Hagelzucker (nach Geschmack)

DINKEL HEFEZOPF

Den Ofen auf 190 °C vorheizen und ein Backblech mit Backpapier belegen.

❶ Für den **Hefeteig** die Zutaten Raumtemperatur annehmen lassen. In einer Schüssel die Hefe in dem lauwarmen Haferdrink mit etwas Zucker auflösen. Dann das Mehl darauf sieben und alles ca. 30 Minuten mit einem Küchentuch zugedeckt gehen lassen. Sobald sich Risse auf dem Mehl zeigen, kann mit dem Kneten begonnen werden.

Die Vanilleschote der Länge nach aufschneiden und das Mark herauslösen. Das Öl und die restlichen Zutaten zugeben und so lange kneten, bis der Teig nicht mehr klebrig, sondern glatt und geschmeidig ist. Den Teig nun erneut zugedeckt ca. 30 Minuten gehen lassen. Dann zusammenschlagen, kurz durchkneten und noch einmal zugedeckt ca. 30 Minuten gehen lassen.

Den Teig zuerst gleichmäßig in zwei Teile teilen, dann, falls gewünscht, die Rosinen unterkneten und die Teigstücke jeweils in drei gleichmäßige Teile teilen. Diese zuerst zu einer Kugel formen, dann der Länge nach zu jeweils einem Strang rollen und die Stränge zu einem Dreistrangzopf flechten. Auf das vorbereitete Backblech legen und erneut zugedeckt ca. 20 Minuten gehen lassen.

❷ Die Zöpfe mit Haferdrink bepinseln und je nach Geschmack mit Mandeln und Hagelzucker bestreuen. Die Zöpfe ca. 50 Minuten backen, aus dem Ofen nehmen und auf einem Kuchengitter abkühlen lassen.

SÄCHSISCHE BANANENSCHECKE

EINE SPRINGFORM (Ø 24 CM)
BACKZEIT: 45–55 MINUTEN

FÜR DEN HEFETEIG

10 g frische Hefe
150 ml lauwarmer Reisdrink
1 ½ EL Agavendicksaft
250 g Weizenmehl Type 405
2 EL Olivenöl
1 Prise Meersalz

BANANEN-TOFUCREME

500 g fester Tofu, abgetropft
250 g reife geschälte Bananen
2 EL Orangensaft
Abgeriebene Schale von **einer halben** Bio-Zitrone
1 Prise Meersalz
20 g Pfeilwurzmehl
2 EL Macadamiaöl
50 g Rumrosinen

VANILLECREME

1 Vanilleschote
60 g Reismehl
1 Prise Meersalz
2 ½ EL Agavendicksaft
2 EL Macadamiaöl
250 ml Reisdrink

GEWÜRZSTREUSEL

100 g Weizenmehl Type 405
60 g Rohrzucker
1 Msp. Zimtpulver
1 Prise gemahlener Piment
1 Prise Nelkenpulver
1 Prise Meersalz
4-5 EL Macadamiaöl

Die Springform mit Backpapier auslegen.

❶ Die Zutaten für den **Hefeteig** Raumtemperatur annehmen lassen. In einer Schüssel die Hefe in dem lauwarmen Reisdrink und dem Agavendicksaft auflösen. Dann das Mehl darauf sieben und alles ca. 30 Minuten mit einem Küchentuch zugedeckt gehen lassen. Sobald sich Risse auf dem Mehl zeigen, kann mit dem Kneten begonnen werden. Öl und Salz zugeben und so lange kneten, bis der Teig nicht mehr klebrig, sondern glatt und geschmeidig ist. Den Teig erneut zugedeckt ca. 30 Minuten gehen lassen. Dann zusammenschlagen, erneut kurz durchkneten und noch einmal zugedeckt ca. 30 Minuten gehen lassen.

Während der Hefeteig geht, die Füllung und den Belag vorbereiten.

❷ Für die **Bananen-Tofucreme** alle Zutaten außer den Rosinen in einem Mixer zu einer glatten Masse pürieren. Die Rosinen vorsichtig unterrühren.

❸ Für die **Vanillecreme** die Vanilleschote der Länge nach aufschneiden und das Mark herauslösen. Reismehl mit Salz, Agavendicksaft, Öl, Vanillemark und etwas Reisdrink zu einer glatten Masse rühren. Dann den restlichen Reisdrink aufkochen und mit der Reismehlmasse mischen. Kurz aufkochen und nachziehen lassen.

❹ Für die **Gewürzstreusel** alle Zutaten mit einem groben Schneebesen zu Streuseln mischen und im Kühlschrank beiseitestellen.

Den Backofen auf 190 °C vorheizen.

Den Hefeteig mit etwas Mehl ein bisschen größer als die Springform ausrollen und die Form damit auslegen. Zuerst die Bananencreme, dann die Vanillecreme auf dem Hefeteig verteilen. Bei 190 °C ca. 25 Minuten backen. Den Kuchen aus dem Ofen nehmen und die Streusel locker darauf verteilen.

Erneut in den Ofen schieben und in ca. 20-30 Minuten fertig backen. Auskühlen lassen und mit den gehobelten gerösteten Mandeln bestreuen.

☞ Die Bananenschecke eignet sich hervorragend
auch als Blechkuchen. Dafür müssen Sie einfach
die Menge der Zutaten verdoppeln.

BIENENSTICH

EINE SPRINGFORM (Ø 24 CM)
BACKZEIT: 30 MINUTEN PLUS GEH- UND RUHEZEITEN

Die Springform mit Backpapier auslegen.

❶ Für den **Hefeteig** die Zutaten Raumtemperatur annehmen lassen.

In einer Schüssel die Hefe in dem lauwarmen Mandeldrink und dem Agavendicksaft auflösen. Dann das Mehl darauf sieben und alles ca. 30 Minuten mit einem Küchentuch zugedeckt gehen lassen. Sobald sich Risse auf dem Mehl zeigen, kann mit dem Kneten begonnen werden.

Die Vanilleschote der Länge nach aufschneiden und das Mark herauslösen. Öl, Salz, Vanillemark und Zitronenschale zugeben und so lange kneten, bis der Teig nicht mehr klebrig, sondern glatt und geschmeidig ist. Den Teig nun erneut zugedeckt ca. 30 Minuten gehen lassen. Dann zusammenschlagen, kurz durchkneten und noch einmal zugedeckt ca. 30 Minuten gehen lassen. Den Teig mit etwas Mehl ein bisschen größer als die Springform ausrollen und die Form damit auslegen.

❷ Für den **Mandelbelag** alle Zutaten mit Ausnahme der Mandeln kurz aufkochen, bis die Masse glasig aussieht. Dann die Mandeln unterrühren und das Ganze noch heiß auf dem Hefeteig verteilen. Den Backofen auf 200 °C vorheizen und den Kuchen ca. 30 Minuten backen. Auskühlen lassen und mit einem großem gewellten Messer quer halbieren. Die obere Hälfte in Portionsstücke schneiden.

❸ Für die **Füllung** die Vanilleschote der Länge nach aufschneiden und das Mark herauslösen. Dann alle Zutaten bis auf Cashewcreme und Kokossahne klümpchenfrei verrühren und unter ständigem Rühren ca. 3 Minuten aufkochen, bis die Hirse aufgequollen ist. Dann die Cashewcreme einrühren und erkalten lassen. Die Kokossahne steif aufschlagen und nach und nach unter die kalte Creme rühren.

❹ Die Creme auf der unteren Hälfte des Kuchens gleichmäßig verteilen und mit der zugeschnittenen oberen Hälfte belegen. Im Kühlschrank gut durchkühlen lassen und dann den Rand mit etwas Puderzucker zur **Dekoration** bestäuben.

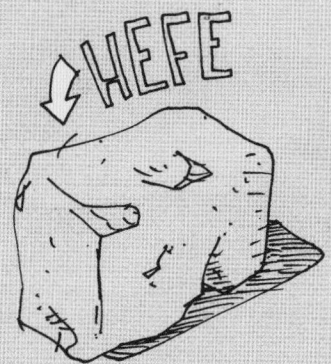

FÜR DEN HEFETEIG

10 g frische Hefe
150 ml lauwarmen Mandeldrink
3 TL Agavendicksaft
250 g Weizenmehl Type 405
½ Vanilleschote
2 EL Mandelöl
1 Prise Meersalz
Abgeriebene Schale
von **einer halben** Bio-Zitrone

MANDELBELAG

50 g Zucker
2 EL Agavendicksaft
4 EL Mandelöl
3 EL Mandeldrink
1 Prise Meersalz
100 g Mandeln gehobelt

FÜLLUNG

½ Vanilleschote
75 g Hirsemehl
1 Prise Meersalz
2 EL Ahornsirup
250 ml Mandeldrink
20 g Cashewcreme
100 ml Kokossahne, gut gekühlt

DEKORATION

Etwas Puderzucker zum Dekorieren

☞ **Falls Sie den Bienenstich als Blechkuchen backen möchten, verdoppeln Sie einfach die Menge der Zutaten.**

SÜSSE PIZZA

FÜR DEN HEFETEIG

½ Vanilleschote
15 g frische Hefe
165 ml Haferdrink
4 EL Agavendicksaft
250 g Dinkelmehl Type 630
1 EL Olivenöl
1 Prise Meersalz
Abgeriebene Schale von **einer halben** Bio-Zitrone

MANDELCREME

½ Vanilleschote
200 g Mandelmus
6 EL Agavendicksaft
1 Prise Meersalz
4 ½ EL Mandeldrink

BELAG

ca. **500 g** gemischte Früchte und Beeren
z. B. Himbeeren, Blaubeeren, Erdbeeren, Johannisbeeren,
Kiwis, Mangos (in Streifen geschnitten)

Den Backofen auf 220 °C vorheizen und ein Backblech mit Backpapier belegen.

Die Zutaten Raumtemperatur annehmen lassen.

❶ Für den **Hefeteig** die Vanilleschote der Länge nach aufschneiden und das Mark herauslösen. In einer Schüssel die Hefe in dem lauwarmen Haferdrink und dem Agavendicksaft auflösen. Dann das Mehl darauf sieben und alles ca. 30 Minuten mit einem Küchentuch zugedeckt gehen lassen. Sobald sich Risse auf dem Mehl zeigen, kann mit dem Kneten begonnen werden. Öl, Salz, Vanillemark und Zitronenschale zugeben und so lange kneten, bis der Teig nicht mehr klebrig, sondern glatt und geschmeidig ist. Den Teig erneut zugedeckt ca. 30 Minuten gehen lassen. Dann zusammenschlagen, kurz durchkneten und noch einmal zugedeckt ca. 30 Minuten gehen lassen.

❷ Während der Hefeteig geht, die **Mandelcreme** zubereiten. Zuerst die Vanilleschote der Länge nach aufschneiden und das Mark herauslösen. Dann alle Zutaten mit einem Schneebesen zu einer Creme mischen.

Den Teig mit etwas Mehl rund auf Backblechgröße ausrollen, die Mandelcreme auf dem Hefeteigboden verteilen. Die Pizza bei 220 °C ca. 15 Minuten backen.

❸ Auf einem Kuchengitter auskühlen lassen. Die Früchte für den **Belag** vorbereiten und dekorativ auflegen. Wer mag, kann die Pizza auch noch mit veganem Tortenguss überglänzen.

ERDBEER-NO-CHEESE-CAKE

FÜR DEN MÜRBTEIG

150 g Weizenmehl Type 550
100 g Reismehl
¼ TL Weinsteinbackpulver
1 Vanilleschote
50 g Puderzucker
1 Prise Meersalz
70 g vegane Margarine
Abgeriebene Schale von einer Bio-Zitrone
1 EL Zitronensaft
5 EL kalter Sojadrink
200 g trockene Erbsen oder Bohnen zum Blindbacken

FÜLLUNG

1 Vanilleschote
500 g Seidentofu
500 ml Erdbeersaft
2 TL Agar-Agar-Pulver
150 g Zucker
Abgeriebene Schale und Saft von einer Bio-Orange
20 g Pfeilwurzmehl

BELAG

500 g Erdbeeren, geputzt und geviertelt
1 Päckchen veganer roter Tortenguss

❶ Für den **Mürbteig** zuerst die Mehle und das Backpulver mischen. Die Vanilleschote der Länge nach aufschneiden und das Mark herauslösen. Vanillemark, Zucker und Salz zuerst mit der Margarine, dann rasch mit allen anderen Zutaten verkneten und in Frischhaltefolie verpacken. Den Teig mindestens 30 Minuten in den Kühlschrank stellen.

Den Backofen auf 150 °C vorheizen.

Mit etwas Mehl den Teig dünn ausrollen und eine Tarteform damit auslegen. Den überschüssigen Rand abschneiden, den Boden mit Backpapier auslegen und mit den Hülsenfrüchten beschweren. Bei 150°C ca. 30 Minuten blindbacken. Die Hülsenfrüchte und das Backpapier entfernen und gegebenenfalls noch so lange nachbacken, bis der Mürbteig ganz gebacken ist.

❷ Für die **Füllung** zuerst die Vanilleschote der Länge nach aufschneiden und das Mark herauslösen. Den Seidentofu mit der Vanille pürieren und beiseitestellen. Den Erdbeersaft mit dem Agar-Agar ca. 3 Minuten aufkochen. Zucker mit Orangenschale, Orangensaft und Pfeilwurzmehl verrühren, zum Erdbeersaft geben und erneut aufkochen. Den Erdbeersaft unter den Tofu rühren und in die Tarte gießen. Erstarren lassen.

❸ Die Erdbeeren als **Belag** auf der Tarte verteilen. Den Tortenguss nach Packungsbeschreibung herstellen und die Tarte damit überziehen.

FÜR DEN TEIG

150 g vegane Margarine

175 g Rohrzucker

1 Vanilleschote

200 g Weizenmehl Type 405

3 EL Sojamehl

15 g Weinsteinbackpulver

Abgeriebene Schale von **einer** Bio-Orange

1 TL Zimtpulver

150 g geröstete gemahlene Haselnüsse

1 Prise Meersalz

125 ml Haselnussdrink

BELAG

2 Äpfel

150 g Stachelbeeren (frisch oder aus dem Glas), ersatzweise **150 g** Kiwis (geschält und gewürfelt)

Eine Tarteform einfetten und mehlen, den Ofen auf 180 °C vorheizen.

❶ Für den **Teig** Margarine mit dem Zucker schaumig rühren. Die Vanilleschote der Länge nach aufschneiden und das Mark herauslösen. Die Mehle mit Backpulver versieben und mit der Vanille, der Orangenschale, Zimt, Nüssen und Salz vermischen. Abwechselnd mit dem Haselnussdrink unter die Margarine rühren. Diese Masse in der Tarteform gleichmäßig verteilen.

❷ Für den **Belag** die Äpfel schälen, entkernen und in Würfel schneiden. Mit den Stachelbeeren auf dem Teig verteilen. Den Backofen auf 180 °C vorheizen und die Tarte ca. 45 Minuten backen (Stäbchenprobe).

☛ Dazu passt aufgeschlagene, gesüßte, vegane Creme mit Kardamom und Zimt – so lieben es die Finnen.

FINNISCHE NUSSTARTE
MIT ÄPFELN UND STACHELBEEREN

10 KLEINE KLEINE SPRINGFORMEN (Ø 10 CM)
BACKZEIT: 45 MINUTEN PLUS KÜHLZEIT

FÜR DEN MÜRBTEIG

325 g Weizenmehl Type 550
2 TL Weinsteinbackpulver
½ Vanilleschote
1 Prise Meersalz
Abgeriebene Schale von **einer halben** Bio-Zitrone
75 g Zucker
100 g vegane Margarine
100 ml Mandeldrink
200 g trockene Erbsen oder Bohnen zum Blindbacken

MARZIPANCREME

40 g Speisestärke
50 g Zucker
400 ml Mandeldrink
1 Vanilleschote
10–20 Lavendelblüten (je nach Geschmack)
1 Prise Meersalz
75 g Marzipan

FERTIGSTELLUNG

8 flache Pfirsiche
50 g geröstete Mandelblättchen
Einige Lavendelblüten

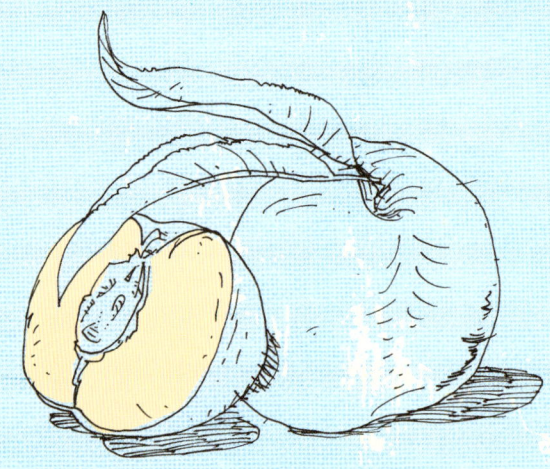

❶ Für den **Mürbteig** Mehl und Back-pulver versieben. Die Vanilleschote der Länge nach aufschneiden und das Mark herauslösen. Gewürze mit Zucker und Margarine verkneten, dann das Mehlgemisch und den Mandeldrink unterkneten. Diesen Teig in Frischhal-tefolie verpackt für ca. 30 Minuten im Kühlschrank durchkühlen

Den Teig mit etwas Mehl dünn ausrol-len und die Tarteringe damit auslegen. Die überstehenden Ränder abschnei-den, mit Backpapier auslegen und mit den Hülsenfrüchten ausfüllen.

Den Ofen auf 150 °C vorheizen und die Tartes ca. 25 Minuten blindbacken. Dann Backpapier und Hülsenfrüchte entfernen.

❷ Für die **Marzipancreme** die Vanil-leschote der Länge nach aufschneiden und das Mark herauslösen. Stärke und Zucker mischen, dann den Mandel-drink mit Vanillemark, Vanilleschote, Lavendelblüten und Salz aufkochen und anschließend durch ein feines Sieb passieren. Das Stärkegemisch mit einem Schneebesen in den passierten Mandeldrink einrühren und kurz auf-kochen. Mit einem Stabmixer das Mar-zipan in kleinen Stückchen untermi-xen. Diese Creme in die vorgebackenen Tartes verteilen.

❸ Zur **Fertigstellung** die Pfirsiche waschen, entsteinen und in Spalten schneiden und die Spalten auf der Creme verteilen.

Den Backofen auf 180 °C vorheizen und die Tartes ca. 20 Minuten backen.

Anschließend auskühlen lassen und vorsichtig aus den Formen lösen. Mit den Mandelblättchen und dem Laven-delblüten dekorieren.

WEINBERGPFIRSICHTARTES MIT LAVENDEL

FÜR DEN MUFFINTEIG

140 ml Sojadrink
2 TL Apfel- oder Birnenessig
1 Vanilleschote
100 g Reismehl
150 g Maismehl
30 g Speisstärke
15 g Tapiokastärke
2 TL Pfeilwurzmehl
Abgeriebene Schale von **einer**
Bio-Zitrone
1 Prise Meersalz
3 EL Maiskeimöl
150 ml Agavendicksaft
250 g Blaubeeren

INGWER-STREUSEL

20 g fein geriebene weiße Mandeln
½ TL Ingwerpulver
45 g vegane Margarine
40 g Zucker
90 g Dinkelmehl Type 630
1 Prise Meersalz

Den Backofen auf 175 °C vorheizen.

❶ Für den **Muffinteig** den Sojadrink mit dem Essig verrühren und ca. 10 Minuten stehen lassen, bis er dickflüssig geworden ist. Die Vanilleschote der Länge nach aufschneiden und das Mark herauslösen. Die trockenen Zutaten mischen. Den Agavendicksaft und das Öl unter den Sojadrink rühren. Die Trockenmischung kurz in die flüssige Mischung einrühren und die Blaubeeren vorsichtig unterheben.

❶ Für die **Ingwer-Streusel** alle Zutaten kurz verkneten, bis schöne Streusel entstehen.

Die Teigmasse auf Muffinförmchen verteilen und mit den Streuseln bestreuen und ca. 25 Minuten backen.

BLAUBEER-ZITRONEN-MUFFINS
MIT INGWER-STREUSELN

BLAUBEER-ZITRONEN-TARTE

EINE RECHTECKIGE TARTEFORM ODER EINEN BACKRAHMEN
MIT DER GRÖSSE VON 1/3 DES BACKBLECHES
BACKZEIT: 30 MINUTEN PLUS RUHEZEITEN

❶ Für den **Mürbteig** die Mehle mit Backpulver, Puderzucker und Salz mischen. Die Vanilleschote der Länge nach aufschneiden und das Mark herauslösen. Das Vanillemark und die Zitronenschale mit der Margarine verkneten, dann rasch alle Zutaten verkneten und in Frischhaltefolie einwickeln. Mindestens 30 Minuten kühlen.

Den Backofen auf 150 °C vorheizen.

Den Teig mit etwas Mehl dünn ausrollen. Eine rechteckige Tarteform damit auslegen, den überstehenden Rand abschneiden. Mit Backpapier auslegen und mit den Hülsenfrüchten beschweren. Bei 150 °C ca. 30 Minuten blindbacken. Die Hülsenfrüchte und das Backpapier entfernen und den Tarteboden gegebenenfalls noch so lange nachbacken, bis der Mürbteig ganz gebacken ist.

❷ Für die **Füllung** in einem Topf das Kokosfett schmelzen lassen. Die Vanilleschote der Länge nach aufschneiden und das Mark herauslösen. Dann nach und nach das Cashewmus, das Vanillemark und alle anderen Zutaten zugeben und in einem Mixer zu einer glatten Masse mixen. Diese Masse in der Tarte verteilen und im Kühlschrank fest werden lassen.

❸ Anschließend die Tarte mit den Blaubeeren und mit Zitronenzesten als **Dekoration** belegen. Wer mag, kann die Tarte auch noch mit veganem Tortenguss überglänzen.

FÜR DEN MÜRBTEIG
150 g Weizenmehl Type 550
100 g Reismehl
¼ TL Weinsteinbackpulver
50 g Puderzucker
1 Prise Meersalz
1 Vanilleschote
Abgeriebene Schale von **einer** Bio-Zitrone
70 g vegane Margarine
1 EL Zitronensaft
5 EL kalter Sojadrink
200 g trockene Erbsen oder Bohnen zum Blindbacken

FÜLLUNG
225 g festes Kokosfett
1 Vanilleschote
275 g Cashewmus
Abgeriebene Schale und Saft von 5 Bio-Zitronen
1 Prise Salz
150 g Puderzucker

DEKORATION
375 g Blaubeeren (frisch oder TK)
Zesten von **einer** Bio-Zitrone
Evtl. 1 Päckchen veganer Tortenguss

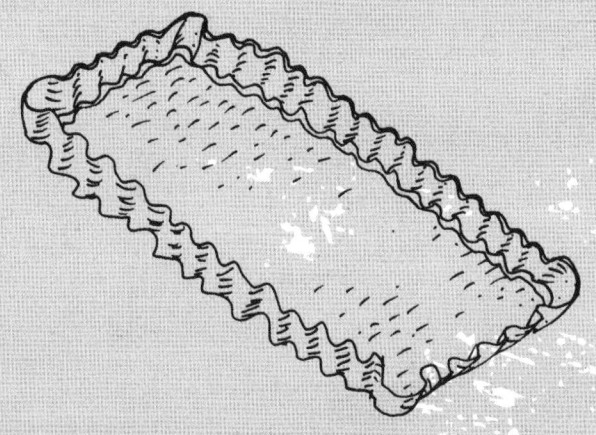

SALZKARAMELL-
NUSS-BERGE

ORANGENTARTE

FÜR DEN TEIG

250 g Dinkelmehl Type 630
3 TL Weinsteinbackpulver
½ TL Natron
1 Prise Meersalz
Abgeriebene Schale von **einer halben**
Bio-Orange
250 ml Haselnussdrink
2 EL Orangensaft
90 ml Ahornsirup
120 ml Walnussöl

CRISPY NOUGATFÜLLUNG

100 g Reisdrinkschokolade
150 g Haselnussmus
30 g zerbröselte Cornflakes

BELAG

70 ml Reissirup
200 g Rohrzucker
1 Vanilleschote
200 ml Haselnussdrink
½ TL Meersalz
300 g gemischte Nusskerne
(z. B. Mandeln, Haselnüsse, Walnüsse,
usw.), geröstet und gehackt

❶ Für den **Teig** Mehl mit Backpulver, Natron und Salz mischen, dann die restlichen Zutaten zugeben und unterkneten. Den Teig ca. 1 cm dick ausrollen. Mit einem Ausstecher auf die Größe der Tarteletteförmchen ausstechen, die Förmchen fetten und mehlen und den Teig gut hineinpressen. Den Backofen auf 180 °C vorheizen und die Tartelettes ca. 15–20 Minuten backen. Vorsichtig aus den Förmchen lösen und auf einem Kuchengitter auskühlen lassen.

❷ Für die **Crispy Nougatfüllung** die Reisdrinkschokolade über einem Wasserbad schmelzen lassen, dann das Haselnussmus und die Cornflakes unterrühren. Diese Füllung auf der Mitte der ausgekühlten Tartelettes verteilen und kaltstellen.

❸ Für den **Belag** den Reissirup in einer Pfanne erhitzen, dann nach und nach den Zucker zugeben und hell karamellisieren lassen. Die Pfanne vom Herd nehmen. Die Vanilleschote der Länge nach aufschneiden und das Mark herauslösen. Den Haselnussdrink mit dem Vanillemark und dem Salz aufkochen und damit den Karamell vorsichtig nach und nach ablöschen, gegebenenfalls etwas einkochen. Dann die Nusskerne unterrühren und mit einem Löffel die Nussberge auf die Tartelettes häufen.

SALZKARAMELL-
NUSS-BERGE

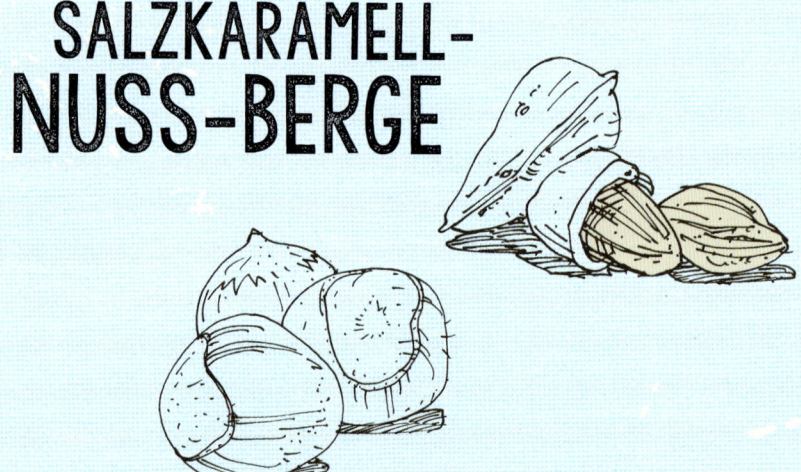

❶ Für den **Mürbteig** zuerst die Vanilleschote der Länge nach halbieren und das Mark auslösen. Mehl, Backpulver und Kichererbsenmehl versieben und dann mit den anderen Zutaten rasch zu einem Teig verkneten. In Frischhaltefolie eingewickelt ca. 1 Stunde kalt stellen.

Den Mürbteig ca. 3 mm dünn ausrollen und entweder eine Tarteform oder mehrere kleine Tarteringe damit auslegen. Zum Blindbacken mit Backpapier auslegen und mit den Hülsenfrüchten befüllen. Den Backofen auf 160 °C vorheizen und die Tarte ca. 25 Minuten blindbacken. Dann die Hülsenfrüchte und das Backpapier entfernen.

❷ Für die **Füllung** die Vanilleschote der Länge nach aufschneiden und das Mark herauslösen. Dann alle Zutaten im Mixer zu einer glatten Masse pürieren. Unter ständigem Rühren kurz aufkochen. Diese Masse in die vorgebackene Tarte füllen und gleichmäßig darin verteilen.

❸ Für die **Dekoration** die Orangen mit dem Messer schälen und in ca 5 mm dicke Scheiben schneiden. Die Tarte damit belegen und bei 180 °C ca. 15–20 Minuten backen. Das Orangengelee mit dem Saft aufkochen und die Tarte damit bestreichen. Auskühlen lassen und vorsichtig aus der Form lösen.

EINE TARTEFORM (Ø 24 CM) ODER MEHRERE KLEINE TARTEFÖRMCHEN (Ø 10 CM)
BACKZEIT: 40–45 MINUTEN PLUS RUHEZEITEN

FÜR DEN MÜRBTEIG
½ Vanilleschote
200 g Weizenmehl Type 405
1 TL Weinsteinbackpulver
1 ½ EL Kichererbsenmehl
125 g vegane Margarine
150 g Zucker
4 EL Kokosmilch
Abgeriebene Schale von **einer halben** Bio-Zitrone
1 Prise Salz
400 g trockene Erbsen oder Bohnen zum Blindbacken

FÜLLUNG
1 Vanilleschote
90 g Cashewkerne
Saft (**250 ml**) und abgeriebene Schale von **drei** Bio-Orangen
50 g Apfelsüße
30 g Rohrzucker
1 Prise Salz
1 Prise Safranpulver

DEKORATION
2 Orangen
50 g Orangengelee
2–3 EL Orangensaft

ORANGENTARTE

ERDNUSSSANDKÜCHLEIN

12 MUFFINS
BACKZEIT: 25 MINUTEN

180 ml Sojadrink
2 TL Apfelessig
1 Vanilleschote
110 g vegane Erdnussbutter
80 ml Erdnussöl
140 g Rohrzucker
2 EL Rübensirup
Abgeriebene Schale von **einer** Bio-Orange
2 ½ EL gemahlene goldene Leinsamen
200 g Weizenmehl Type 405
½ TL Weinsteinbackpulver
1 Prise Meersalz
60 g ungesalzene Erdnüsse, geröstet und gehackt

Den Backofen auf 175 °C vorheizen und die Muffinförmchen mit Papier auslegen (oder wie hier im Bild Silikonbackförmchen verwenden).

Sojadrink mit Essig mischen und für ca. 10 Minuten andicken lassen. Die Vanilleschote der Länge nach aufschneiden und das Mark herauslösen. Die Erdnussbutter mit dem Öl, dem Zucker, dem Sirup, dem Vanillemark und der Orangenschale glatt rühren, dann den Sojadrink einrühren. Die restlichen Zutaten mischen und diese dann ebenfalls unter die Erdnussmasse rühren. Den Teig gleichmäßig auf 12 Förmchen verteilen und mit den gehackten Erdnüssen bestreuen.

Bei 175 °C ca. 25 Minuten backen.

MANGO-GRÜNTEE-
CUPCAKE

HIMBEER-CUPCAKE

MANGO-GRÜNTEE-
CUPCAKE

FÜR DIE CUPCAKES

225 g Dinkelmehl Type 630
1 EL Matcha-Grünteepulver
30 g Speisestärke
2 TL Weinsteinbackpulver
½ TL Natron
130 g Rohrzucker
75 g vegane weiße Schokolade, gehackt
75 g Macadamianüsse, gehackt
1 Vanilleschote
1 Prise Salz
Abgeriebene Schale von **einer**
Bio-Zitrone
60 ml Rapsöl
90 g Joghurtersatz aus Soja
190 ml Sojadrink

TRÜFFELMASSE

100 g vegane weiße Schokolade
100 ml Kokossahne
1 TL Matcha-Grünteepulver

VEGANE MARGARINECREME

250 ml Reisdrink
40 g veganes Vanillepuddingpulver
80 g Zucker
½ Vanilleschote
1 Prise Salz
170 g vegane Margarine
80 g Mangomark

DEKORATION

Etwas Matcha-Grünteepulver und
Puderzucker zum Garnieren

Die Muffinform mit Papierförmchen auskleiden (bei Silikonformen ist das nicht unbedingt nötig, sieht aber hübscher aus).

❶ Für die **Cupcakes** das Mehl, Matchapulver, Speisestärke, Backpulver, Natron, Zucker, Schokolade und Macadamianüsse mischen. Die Vanilleschote der Länge nach aufschneiden und das Mark herauslösen. Die Vanille mit den restlichen Zutaten mit einem Mixer mischen. Diese Flüssigkeit kurz unter die Mehlmischung rühren.

Den Backofen auf 175 °C vorheizen. Den Teig gleichmäßig in Muffinförmchen verteilen und ca. 20–25 Minuten backen (Stäbchenprobe). Dann auskühlen lassen und mit einem Teelöffel kleine Löcher aushöhlen.

❷ Für die **Trüffelmasse** die Schokolade fein hacken, die Kokossahne aufkochen und über die Schokolade gießen. Das Matchapulver darüber sieben und mit einem Schneebesen zu einer glatten Masse rühren. Die Trüffelmasse dann in die Löcher im Cupcake füllen und kalt stellen.

❸ Für die **vegane Margarinecreme** etwas Reisdrink mit dem Puddingpulver und dem Zucker klumpenfrei anrühren. Die Vanilleschote der Länge nach aufschneiden und das Mark herauslösen. Dann den Reisdrink mit dem Vanillemark, der Vanilleschote und dem Salz aufkochen, die Puddingmischung mit einem Schneebesen unterrühren und noch einmal kurz aufkochen lassen. Den Pudding auf ein Backblech gießen, die Vanilleschote entfernen und mit Frischhaltefolie bedecken, damit sich keine Haut bildet. Gut abkühlen lassen, gegebenenfalls kurz tiefkühlen. Die Margarine mit dem Mangopüree so schaumig wie möglich schlagen. Dann nach und nach die glatt gerührte Vanillecreme unterrühren.

❹ Als **Dekoration** mit einem Spritzbeutel und einer Sterntülle je ein Türmchen Mangocreme auf die Cupcakes geben und mit Matchateepulver und Puderzucker absieben.

175 °C

HIMBEER-CUPCAKE

FÜR DIE CUPCAKES

1 Vanilleschote
50 g fein geriebene weiße Mandeln
120 g Dinkelmehl Type 630
2 TL Weinsteinbackpulver
70 g Zucker
1 Prise Meersalz
150 g Joghurtersatz aus Soja
120 ml Mandeldrink
2 EL Mandelöl
Abgeriebene Schale von **einer** Bio-Zitrone
120 g Himbeerkonfitüre

VEGANE MARGARINECREME

½ Vanilleschote
250 ml Reisdrink
40 g veganes Vanillepuddingpulver
80 g Zucker
1 Prise Salz
170 g vegane Margarine
80 g Himbeermark

GARNIEREN

Frische Himbeeren und Puderzucker

Die Muffinform mit Papierförmchen auskleiden (bei Silikonformen ist das nicht unbedingt nötig, sieht aber hübscher aus).

❶ Für die **Cupcakes** zuerst die Vanilleschote der Länge nach aufschneiden und das Mark herauslösen. Geriebene Mandeln, Mehl, Backpulver, Zucker, Vanillemark und Salz mischen. Joghurtersatz, Mandeldrink, Öl und Zitronenschale verrühren und kurz mit der trockenen Masse mischen.

Den Backofen auf 180 °C vorheizen. Den Teig auf die Muffinförmchen verteilen und ca. 25 Minuten backen. Auskühlen lassen und mit einem Teelöffel ein kleines Loch herausheben. Jedes Loch mit einem Teelöffel Himbeerkonfitüre füllen.

❷ Für die **vegane Margarinecreme** die Vanilleschote der Länge nach aufschneiden und das Mark herauslösen. Etwas Reisdrink mit dem Puddingpulver und dem Zucker klumpenfrei anrühren, dann den Reisdrink mit der Vanilleschote, dem Vanillemark und dem Salz aufkochen. Die Puddingmischung mit einem Schneebesen unterrühren und kurz aufkochen lassen. Den Pudding auf ein Backblech gießen, die Vanilleschote entfernen und mit Frischhaltefolie bedecken, damit sich keine Haut bildet. Gut abkühlen lassen, gegebenenfalls kurz tiefkühlen. Die Margarine mit dem Himbeerpüree so schaumig wie möglich schlagen. Dann nach und nach die glatt gerührte Vanillecreme unterrühren.

❸ Mit einem Spritzbeutel und einer Lochtülle je ein Türmchen aus Himbeercreme auf die Cupcakes geben und mit frischen Himbeeren und Dekorpuderzucker **garnieren**.

KEKSE, COOKIES UND LOLLICAKES

DOUBLE-CHOCOLATE-COOKIES

CHOCOLATE-CHIP-COOKIES

DOUBLE-CHOCOLATE-COOKIES

ZWEI BACKBLECHE
BACKZEIT: 15 MINUTEN PLUS RUHEZEIT

Die Schokolade schmelzen, dann die Margarine, den Zucker und das Kichererbsenmehl unterrühren.

Die Vanilleschote der Länge nach aufschneiden und das Mark herauslösen. Vanillemark, Orangenschale und Salz zum Teig geben und unterrühren, dann die restlichen Zutaten mischen und ebenfalls unterrühren, bis ein glatter Teig entstanden ist. Diesen Teig ca. 1 Stunde kühlen und nach der Kühlzeit in 12 gleichmäßige Stücke aufteilen.

Das Backblech mit Backpapier auslegen und den Backofen auf 175 °C vorheizen. 4 Teigstücke zu Kugeln formen, mit genügend Abstand auf dem Blech verteilen und leicht flach drücken. Dann bei 175 °C ca. 15 Minuten backen. Mit den übrigen Teigstücken genauso verfahren.

Während die Cookies auskühlen, die Schokobacktropfen schmelzen und leicht wieder abkühlen lassen. Nach dem Auskühlen die Cookies mit der Schokolade dekorieren.

125 g vegane Bitterschokolade
110 g vegane Margarine
110 g Muscovadozucker
5 g Kichererbsenmehl
½ Vanilleschote
Abgeriebene Schale
von **einer halben** Bio-Orange
1 Prise Meersalz
125 g Weizenmehl Type 405
2 EL Kakaopulver
½ TL Weinsteinbackpulver
75 g vegane Schokobacktropfen
zum Dekorieren

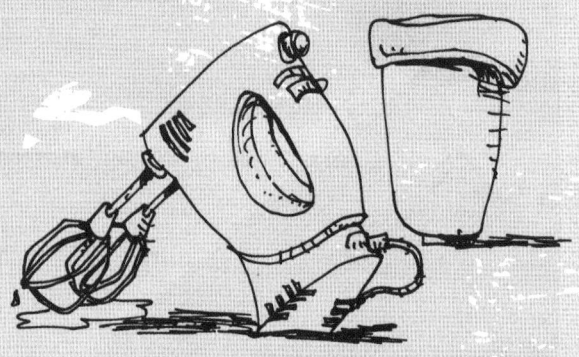

CHAI-TEE-COOKIES

EIN BIS ZWEI BACKBLECHE
BACKZEIT: 20 MINUTEN PLUS RUHEZEIT

15 g gemahlene Goldleinsaat
1 TL schwarzer Tee
110 g vegane Margarine
180 g heller Rohrzucker
160 g Weizenmehl Type 405
¼ TL Weinsteinbackpulver
½ TL Natron
1 TL Zimtpulver
½ TL Kardamom
1 Vanilleschote
1 Prise Salz

Goldleinsaat mit 4½ EL Wasser verrühren und einige Minuten quellen lassen. Den schwarzen Tee fein zerreiben (am besten in einem Mörser). Die Vanilleschote der Länge nach halbieren und das Mark herauslösen. Dann alle Zutaten zu einem glatten Teig verkneten. Zugedeckt eine Stunde kalt stellen.

Ein Backblech mit Backpapier auslegen und den Backofen auf 160 °C vorheizen. Den Teig mit einem Löffel zu gleich großen Kugeln (Ø 4 cm) formen, mit genügend Abstand auf das Blech legen und leicht flachdrücken. Auf der mittleren Schiene im Ofen ca. 20 Minuten backen.

CHOCOLATE-CHIP-COOKIES

ZWEI BIS DREI BACKBLECHE
BACKZEIT: 10–15 MINUTEN PLUS RUHEZEIT

Das Kokosöl mit dem Zucker und dem Mandeldrink mischen. Die Vanilleschote längs aufschneiden und das Mark herauslösen. Das Vanillemark und die restlichen Zutaten in einer zweiten Schüssel mischen und unter die Masse kneten, bis ein glatter Teig entstanden ist.

Ein Backblech mit Backpapier belegen und den Backofen auf 175°C vorheizen.

Die Cookies zu gleichmäßigen Kugeln formen und auf dem Backblech leicht flach drücken. Dann bei 175°C ca. 10–15 Minuten backen.

125 ml Kokosöl
230 g Rohrzucker
60 ml Mandeldrink
1 Vanilleschote
360 g Weizenmehl Type 405
1 TL Natron
1 TL Weinsteinbackpulver
½ TL Meersalz
230 g vegane Schokoladenbackchips

FLACH DRÜCKEN

FLORENTINER-SCHNITTEN

EIN BACKBLECH
BACKZEIT: 35 MINUTEN PLUS RUHEZEIT

FÜR DEN MÜRBTEIG

1 Vanilleschote
150 g Vollrohrzucker
Abgeriebene Schale **einer** Bio-Zitrone
1 Prise Meersalz
150 g vegane Margarine
300 g Weizenmehl Type 550
15 g Kichererbsenmehl

FÜR DEN BELAG

200 g vegane Margarine
225 g heller Rohrzucker
300 g gestiftelte Mandeln
100 g gehackte Pistazien
50 g Orangeat
50 g gehackte konfierte Kirschen
1 Vanilleschote
2 Prisen Meersalz

FÜR DIE GLASUR

200 g vegane Bitterkuvertüre

❶ Für den **Mürbteig** die Vanilleschote der Länge nach aufschneiden und das Mark herauslösen. Den Vollrohrzucker mit den Gewürzen und der Margarine verkneten und zum Schluss das Mehl und das Kichererbsenmehl unterkneten. Diesen Teig in Frischhaltefolie gepackt ca. 1 Stunde im Kühlschrank kühlen und dann mit etwas Mehl auf ein mit Backpapier belegtes Backblech gleichmäßig ausrollen und bei 160°C ca. 15 Minuten vorbacken.

❷ In der Zwischenzeit den **Belag** herstellen. Dafür Margarine mit dem Zucker und 60 ml Wasser in einer Pfanne schmelzen, bis der Zucker anfängt, hell zu karamellisieren. Dann rasch die restlichen Zutaten unterrühren. Den Belag auf dem vorgebackenen Mürbteig gleichmäßig verteilen und erneut ca. 20 Minuten lang backen.

Abkühlen lassen und in ca. 40 gleich-große, mundgerechte Rechtecke schneiden.

❸ Für die **Glasur** die Kuvertüre fein hacken und ca. 100 g davon über einem Wasserbad unter Rühren auflösen. Die Schokolade auf eine Temperatur von 40°C erwärmen. Die Schüssel aus dem Wasserbad nehmen und die restliche Kuvertüre in der Schüssel unter Rühren ebenfalls auflösen. Die fertige Glasur sollte eine Temperatur von 27-28°C haben. Die vollkommen erkalteten Kekse diagonal in die warme Glasur eintauchen, auf einem Backpapier absetzen und erstarren lassen.

SESAM-CHOCOLATE-COOKIES

SESAM-CHOCOLATE-COOKIES

Schokolade und Margarine schmelzen, dann Sesampaste und Mandeldrink zugeben und glatt rühren.

Die Vanilleschote längs aufschneiden und das Mark herauslösen. Das Vanillemark und alle restlichen Zutaten bis auf die Sesamsamen mischen und unter die Schokoladenmasse rühren, sodass ein fester Teig entsteht. Diesen Teig in Folie gepackt ca. 1 Stunde im Kühlschrank ruhen lassen.

Ein Backblech mit Backpapier belegen und den Backofen auf 175°C vorheizen.

Nach der Ruhezeit den Teig in walnussgroße Stücke teilen, im Sesam rollen und bei 175°C ca. 15 Minuten backen.

ZWEI BACKBLECHE
BACKZEIT: 15 MINUTEN PLUS RUHEZEIT

250 g Bitterschokolade
30 g vegane Margarine
45 g Sesampaste
60 ml Mandeldrink
1 Vanilleschote
½ TL Weinsteinbackpulver
1 TL Weizenmehl Type 405
½ TL Meersalz
30 g Kichererbsenmehl
160 g Rohrzucker
120 g geröstete Sesamsamen

ITALIENISCHE
ZITRONENKEKSE

EIN BIS ZWEI BACKBLECHE
BACKZEIT: 15 MINUTEN

60 ml Olivenöl
110 g heller Rohrzucker
1 Vanilleschote
Schalenabrieb **einer** Bio-Zitrone
1 **Prise** Meersalz
60 ml Haferdrink
120 g Weizenmehl Type 405
1 **TL** Weinsteinbackpulver
30 g Haferflocken

Die Vanilleschote der Länge nach halbieren und das Mark herauslösen. Öl, Zucker und Gewürze mit dem Haferdrink vermischen. Trockene Zutaten, also Mehl, Backpulver und Haferflocken mischen und unter die Masse rühren.

Ein Backblech mit Backpapier auslegen und den Backofen auf 175 °C vorheizen. Aus dem Teig mit Esslöffeln oder einem Eisportionierer kleine Kugeln formen und mit genügend Abstand auf das Blech legen. Auf der mittleren Schiene im Ofen ca. 15 Minuten backen.

PISTAZIENKEKSE

MANDELSANDKEKSE

PISTAZIENKEKSE

ZWEI BACKBLECHE
BACKZEIT: 20 MINUTEN PLUS RUHEZEIT

Zuerst die Margarine mit dem Agavendicksaft verflüssigen. Die Vanilleschote längs aufschneiden und das Mark herauslösen. Vanillemark, Zitronensaft, Zitronenschale und 1 Prise Salz unter die Margarine-Mischung rühren.

In einer zweiten Schüssel die restlichen Zutaten mischen. Dann unter die Margarinemasse rühren, bis ein fester Teig entsteht. Diesen Teig zu Rollen mit einem Durchmesser von 5 cm formen und im Kühlschrank ca. 1 Stunde ruhen lassen.

Ein Backblech mit Backpapier belegen und den Backofen auf 160 °C vorheizen.

Nach dem Ende der Kühlzeit den Teig mit einem scharfen Messer in 5 mm dicke Scheiben schneiden (notfalls das Messer zwischendurch mit kaltem Wasser abwaschen!), die Scheiben aufs Backblech setzen und die Kekse bei 160 °C ca. 20 Minuten backen.

70 g vegane Margarine
100 ml Agavendicksaft
1 Vanilleschote
Saft und abgeriebene Schale von **einer** Bio-Zitrone
¼ TL Natron
180 g Dinkelmehl
80 g Reismehl
50 g Pistazien, geröstet und gehackt
Meersalz

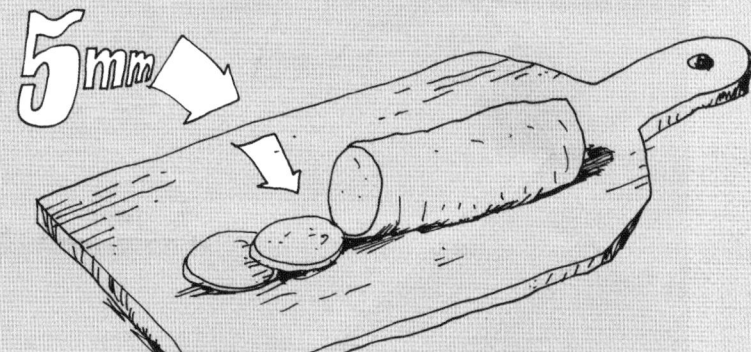

NUSSKEKSE

ZWEI BACKBLECHE
BACKZEIT: 15 MINUTEN

Goldleinsaat mit dem Haferdrink verrühren und einige Minuten quellen lassen. Die Vanilleschote der Länge nach halbieren und das Mark herauslösen. Margarine mit Zucker und Nussmus leicht schaumig rühren. Restliche Zutaten zugeben und zu einem glatten Teig verkneten. Zugedeckt eine Stunde kalt stellen.

Ein Backblech mit Backpapier auslegen und den Backofen auf 175 °C vorheizen. Aus dem Teig mit Esslöffeln oder einem Eisportionierer kleine Kugeln formen und mit genügend Abstand auf das Blech legen. Auf der mittleren Schiene im Ofen ca. 15 Minuten backen.

15 g gemahlene Goldleinsaat
4½ EL Haferdrink
110 g vegane Margarine
100 g Rohrzucker
100 g Nussmus (Haselnuss, Mandel ... je nach Geschmack)
130 g Weizenmehl Type 550
½ TL Natron
½ TL Backpulver
1 Vanilleschote
¼ TL Zimtpulver
1 Prise Meersalz
80 g Haferflocken
60 g gehackte Reismilchschokolade
60 g gehackte vegane Bitterkuvertüre

MANDELSANDKEKSE

EIN BACKBLECH
BACKZEIT: 20 MINUTEN PLUS RUHEZEIT

50 g Mandelmus (wenn möglich aus gerösteten Mandeln)
50 g fein gemahlener Rohrzucker
125 g vegane Margarine
200 g Weizenmehl Type 405
50 g gehackte Mandeln
Salz

Zuerst das Mandelmus mit dem Zucker und der Margarine glatt kneten, dann die restlichen Zutaten rasch unterkneten. Diesen Teig zu einer Stange formen und in Kühlschrank für ca. 1 Stunde kalt stellen.

Ein Backblech mit Backpapier belegen und den Backofen auf 160 °C vorheizen.

Nach dem Ende der Kühlzeit mit einem scharfen Messer von der Teigstange 5 mm dicke Scheiben abschneiden, die Scheiben auf das Backblech setzen und bei 160 °C ca. 20 Minuten backen.

☞ Man kann das Mandelmus auch gegen ein anderes Nussmus austauschen. Dann am besten auch die passenden Nüsse statt der gehackten Mandeln verwenden.

ORANGENSANDKEKSE

ZWEI BIS DREI BACKBLECHE
BACKZEIT: 15–20 MINUTEN PLUS RUHEZEIT

FÜR DEN TEIG

225 g vegane Margarine
150 g Puderzucker
Abgeriebene Schale
von einer Bio-Orange
2 EL frischer Orangensaft
1 Prise Meersalz
225 g Weizenmehl Type 405
30 g Orangeatwürfelchen

FÜR DIE FÜLLUNG

100 g Marzipan
50 g Orangenmarmelade
3 EL Whiskey

Das Backblech mit Backpapier belegen und den Ofen auf 160 °C vorheizen

❶ Für den Teig die Margarine mit dem Puderzucker, der Orangenschale und dem Salz schaumig rühren, bis die Masse hell und luftig ist. Dann den Orangensaft und anschließend das Mehl nach und nach unterrühren. Mit einer Sterntülle und einem Spritzbeutel die Masse in 30 kleinen, gleichmäßigen Rosetten auf ein mit Backpapier belegtes Backblech garnieren. Da die Plätzchen beim Backen auseinanderlaufen, sollte darauf geachtet werden, dass genügend Platz zwischen ihnen bleibt. Jeden Keks mit einem Stückchen Orangeat in der Mitte belegen und bei 160 °C ca. 15-20 Minuten backen.

❷ Für die Füllung alle Zutaten zu einer Masse verkneten. Je nach Marzipansorte kann es sein, dass die Flüssigkeitsmenge der Füllung variiert werden muss. Sie sollte nicht zu flüssig sein. Die Hälfte der Kekse beseitestellen und die Unterseite der restlichen Sandkekse mit der Füllung bestreichen. Jeweils einen unbestrichenen Keks ankleben.

VANILLEKIPFERL

VANILLEKIPFERL

Goldleinsamen mit 4 Esslöffeln Wasser verrühren und einige Minuten quellen lassen. Die Vanilleschote mit einem spitzen Messer längs aufschneiden und das Mark herauslösen. Margarine mit Zucker, Mehl, Mandeln, Vanillemark und Salz sowie dem angerührten Goldleinsamen zu einem glatten Teig verkneten. Zugedeckt ca. 1 Stunde kühl stellen.

Ein Backblech mit Backpapier auslegen und den Backofen auf 160 °C vorheizen. Den Teig zu einer etwa 1,5 cm dicken Rolle rollen und 6 mm dicke Scheiben abschneiden. Zwischen den Handballen Kipferl aus den Scheiben formen, auf das Blech legen und auf der mittleren Schiene im Ofen etwa 20 Minuten backen.

Die zweite Vanilleschote mit einem spitzen Messer längs aufschneiden, das Mark herauslösen und mit Puderzucker mischen. Die Kipferl noch warm darin wenden.

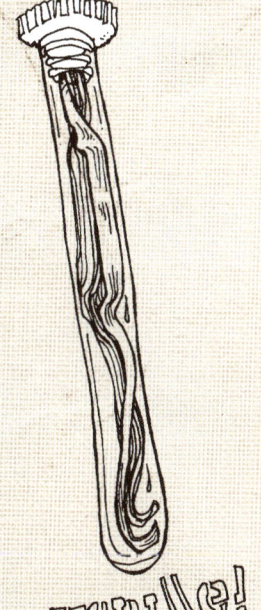

ZWEI BIS DREI BACKBLECHE
BACKZEIT: 20 MINUTEN PLUS RUHEZEIT

15 g gemahlener Goldleinsamen
1 Vanilleschote
220 g vegane Margarine
110 g fein gemahlener heller Rohrzucker
260 g Weizenmehl Type 405
50 g geschälte gemahlene Mandeln
1 Prise Meersalz

DEKOR
1 Vanilleschote
250 g Puderzucker

MANDELHÖRNCHEN

ZWEI BIS DREI BACKBLECHE
BACKZEIT: 15–20 MINUTEN

Goldleinsaat mit dem Mandeldrink anrühren und einige Minuten quellen lassen. Den Marzipan kurz in der Mikrowelle erwärmen, damit er weicher wird. Die Vanilleschote der Länge nach halbieren und das Mark herauslösen. Alle Zutaten, außer den Mandelblättchen und der Bitterkuvertüre zu einem glatten Teig kneten.

Ein Backblech mit Backpapier auslegen und den Backofen auf 175 °C vorheizen. Die Mandelblättchen auf einem großen Teller verteilen. Aus dem Teig mit Esslöffeln oder einem Eisportionierer kleine Kugeln formen, diese in den Mandeln rollen, dann zu Hörnchen formen und auf das Blech legen. Auf der mittleren Schiene im Ofen ca. 15–20 Minuten backen, dann auskühlen lassen. Bitterkuvertüre im Wasserbad oder in der Mikrowelle erwärmen, die Enden der Mandelhörnchen in die Bitterkuvertüre tauchen und auf Backpapier absetzen.

15 g gemahlene Goldleinsaat
4½ EL Mandeldrink
250 g Marzipanrohmasse
250 g gemahlener heller Rohrzucker
1 Vanilleschote
Schalenabrieb **einer halben** Bio-Zitrone
1 Prise Meersalz
150 g Mandelblättchen
100 g vegane Bitterkuvertüre

MANDEL-SOJA-MAKRONEN

KÜRBISLEBKUCHEN

MANDEL-
SOJA-MAKRONEN

DREI BACKBLECHE
BACKZEIT: 15 MINUTEN PLUS RUHEZEIT

Tofu durch ein feines Sieb streichen, dann nach und nach stückchenweise das Marzipan unterarbeiten. Die Vanilleschote der Länge nach halbieren und das Mark auslösen. Das Vanillemark und die restlichen Zutaten zugeben, bis eine dressierfähige Masse entstanden ist.

Mit einer Lochtülle und einem Spritzbeutel 3 cm große Tupfen auf ein mit Backpapier belegtes Backblech dressieren und die Makronen mit den gehackten Mandeln bestreuen. Bei 180°C ca. 15 Minuten backen.

450 g fester Tofu
450 g Marzipanrohmasse
3 EL Mandelöl
Schalenabrieb **einer** Bio-Zitrone
100 g Puderzucker
1 Vanilleschote
Etwas Rosenöl (je nach Qualität und Geschmack)
1 Prise Meersalz
50 g Mandelmus
1 EL Amaretto (Mandellikör)

DEKOR
200 g gehackte Mandeln

3 cm

KÜRBISLEBKUCHEN

EIN BACKBLECH
BACKZEIT: 12 MINUTEN PLUS RUHEZEIT

Kürbispüree, Zucker. Margarine, Melasse und Frischkäse glatt rühren. Die Vanilleschote der Länge nach halbieren und das Mark auslösen. Das Vanillemark die restlichen Zutaten vermischen und unter die Kürbismasse rühren. Den Teig in Folie gepackt ca. eine Stunde im Kühlschrank kühlen.

Dann in 15 gleichmäßig große Teigstücke teilen und Kugeln daraus formen. Die Kugeln auf ein mit Backpapier belegtes Backblech legen, flach drücken und mit je drei Kürbiskernen belegen.

Bei 175 °C ca. 12 Minuten backen.

220 g Kürbispüree
230 g Rohrzucker
120 g vegane Margarine
30 g Melasse
1 EL Soja-Frischkäse
1 Vanilleschote
400 g Weizenmehl Type 405
2 TL Zimtpulver
2 TL Weinsteinbackpulver
1 ½ TL Ingwerpulver
1 TL Nelkenpulver
½ TL Meersalz

SPITZBUBEN

EIN BIS ZWEI BACKBLECHE
BACKZEIT: 20 MINUTEN PLUS RUHEZEIT

❶ Für den **Mürbteig** die Vanilleschote der Länge nach aufschneiden und das Mark herauslösen. Den Puderzucker mit den Gewürzen und der Margarine verkneten. Anschließend Mehl, Weinsteinbackpulver und Mandeln unterkneten. Diesen Teig in Frischhaltefolie einpacken und ca. 1 Stunde im Kühlschrank kühlen. Dann mit etwas Mehl auf 3 mm Stärke ausrollen und mit einem Ausstecher Kekse ausstechen. Bei der Hälfte der Kekse mit einem kleineren Ausstecher ein kleines Fenster ausstechen. Ein Backblech mit Backpapier auslegen, die ausgestochenen Kekse darauflegen und bei 160 °C ca 20 Minuten backen. Auskühlen lassen und die Kekse mit Fenster mit Puderzucker besieben.

❷ Für die **Füllung** die Himbeerkonfitüre in der Mikrowelle oder in einem Topf verflüssigen und die Kekse ohne Fenster in der Mitte damit dick bestreichen. Die gepuderten Kekse mit Fenster jeweils darauflegen.

FÜR DEN MÜRBTEIG

140 g Puderzucker
1 Vanilleschote
1 Prise Meersalz
250 g vegane Margarine
250 g Weizenmehl Type 550
1 TL Weinsteinbackpulver
150 g fein geriebene geschälte Mandeln

FÜR DIE FÜLLUNG

150 g Himbeerkonfitüre
Puderzucker zum Besieben

DREIERLEI ENERGIEKUGELPRALINEN

RED

100 g Cranberrys
20 g kandierter Ingwer
65 g entkernte Datteln
65 g gemahlene Braunhirseflakes
1 TL Hagebuttenpulver
55 g Kokosraspel
50 g Cashewmus
3 EL Agavendicksaft
10 g gepoppter Amaranth

GREEN

45 g Bananenchips
50 g kandierte Ananas
50 g getrocknete Mango
50 g getrocknete Papaya
100 g Cashewmus
65 g Pistazienmus
1 TL Matcha-Grünteepulver
20 g gepopptes Quinoa
2 EL Agavendicksaft
1 Prise Meersalz

BROWN

60 g Bananenchips
1 Vanilleschote
20 g gepopptes Quinoa
4 EL Agavendicksaft
1 Prise Chilipulver
1 Prise Meersalz
200 g Erdnussmus
100 g geröstete gehackte Erdnüsse
½ TL Kakaopulver
100 g verflüssigte vegane
Bitterschokolade

Zuerst die kandierten und getrockneten Früchte sehr fein hacken oder im Mixer fein zerkleinern. Dann die restlichen Zutaten unterkneten.

Aus dieser Masse 20 gleich große Kugeln formen. Auf Backpapier setzen und im Kühlschrank lagern.

Die Bananenchips im Mixer fein mahlen. Die kandierten und getrockneten Früchte sehr fein hacken. Die restlichen Zutaten unterkneten, sodass eine glatte Masse entsteht.

20 gleich große Kugeln formen und im Kühlschrank fest werden lassen.

Die Bananenchips im Mixer fein mahlen. Die Vanilleschote längs aufschneiden und das Mark herauslösen. Alle Zutaten zu einer glatten Masse verkneten.

20 gleich große Kugeln formen und im Kühlschrank fest werden lassen. Gegebenenfalls im gekühlten Zustand noch einmal nachmodellieren.

☞ Wenn Sie die Kugeln mit verflüssigter Kakaobutter bepinseln, trocknen sie nicht aus.

JAPANISCHE
GRÜNTEE-
LOLLICAKES

40 LOLLIS
BACKZEIT: 15–20 MINUTEN PLUS KÜHLZEITEN UND FERTIGSTELLUNG

FÜR DEN SANDKUCHEN

260 ml Sojadrink
1 EL Apfel- oder Birnenessig
1 Vanilleschote
210 g Weizenmehl Type 405
2 EL Matcha-Grünteepulver
1 TL Weinsteinbackpulver
½ TL Natron
145 g weißer Rohrzucker
80 ml Rapsöl
¼ TL Salz

FÜR DIE LOLLIMASSE

400 g fertig gebackene Grünteemuffins
140 g veganer Frischkäse
70 g Puderzucker
Etwas Amaretto oder alkoholfreien Mandelsirup zum Abschmecken

FÜR DIE FERTIGSTELLUNG

200 g Marzipanrohmasse
40 Lollistiele
1 Paket vegane weiße Kuvertüre oder vegane weiße Fettglasur
1 EL Matcha-Grünteepulver
12 kandierte Blüten

❶ Für den **Sandkuchen** zuerst den Sojadrink und den Essig in einer Schüssel mischen und für ca. 5 Minuten stehen und andicken lassen; so entsteht eine Art Buttermilch. Die Vanilleschote längs aufschneiden und das Mark herauslösen.

In einer zweiten Schüssel die trockenen Zutaten mischen und alles zu einem Teig verrühren. Diesen Teig gleichmäßig in 12 Muffinförmchen füllen und bei 175 °C ca. 15–20 Minuten backen. Auskühlen lassen.

❷ Alle Zutaten für die **Lollimasse** in einen Mixer geben und zu einer glatten Masse mixen. Diese Masse kurz durchkühlen.

❸ Für die **Fertigstellung** eine 5 Gramm schwere Kugel aus Marzipan pro Lolli modellieren. Dann für jede Marzipankugel ein etwa 15 Gramm schweres Stück aus der Masse modellieren. Hier gehen wir wie bei einem Knödel vor: Zuerst die Lollimasse in die hohle Hand geben und eine Vertiefung eindrücken. Dann mit der Marzipankugel befüllen und die Masse um das Marzipan schließen. Zu einer gleichmäßigen Kugel modellieren, diese kurz durchkühlen, anschließend nachmodellieren. Mit Lollistielen versehen und erneut kühlen.

Die weiße Kuvertüre oder Fettglasur schmelzen und wieder leicht abkühlen lassen; ein Viertel der Masse mit Grünteepulver einfärben. Die Lollis durch die weiße Kuvertüre/Fettglasur ziehen und mit der eingefärbten Kuvertüre/Fettglasur beträufeln. Die Lollis dann mit je einer kandierten Blüte dekorieren.

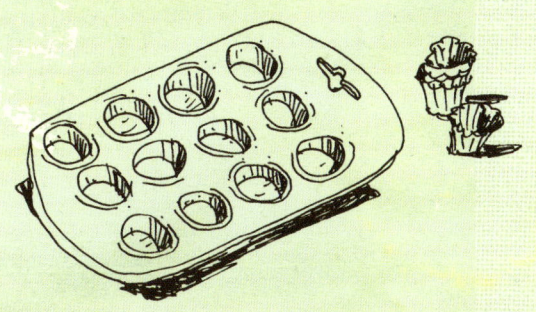

FÜR DIE MUFFINS

140 ml Sojadrink
2 TL Himbeeressig
100 g Reismehl
150 g Maismehl
30 g Speisstärke
15 g Tapiokastärke
2 TL Pfeilwurzmehl
1 Vanilleschote
Abgeriebene Schale von **einer** Bio-Zitrone
4 EL Maiskeimöl
150 g Agavendicksaft
250 g Himbeeren
1 Prise Meersalz

FÜR DIE LOLLIMASSE

400 g fertige Muffins
140 g veganer Frischkäse
70 g Puderzucker
Etwas Marc de Champagne oder Himbeersirup zum
Abschmecken

FÜR DIE FERTIGSTELLUNG

40 Lollistiele
1 Paket vegane weiße Kuvertüre oder
vegane weiße Fettglasur
Veganes rotes Farbpulver
(Rote-Bete-Pulver oder Himbeerpulver)

WEISSE SCHOKOLADEN-
HIMBEER-LOLLICAKES

❶ Für die **Muffins** den Sojadrink mit dem Essig in einer Schüssel verrühren und ca. 10 Minuten stehen lassen, bis sie dickflüssig geworden ist. Die Vanilleschote längs aufschneiden und das Mark herauslösen.

Alle trockenen Zutaten in einer zweiten Schüssel mischen. Den Agavendicksaft und das Öl unter den Sojadrink rühren. Die Trockenmischung kurz einrühren und die Himbeeren vorsichtig unterheben.

Den Backofen auf 175 °C vorheizen. Die Masse auf Muffinförmchen verteilen und bei 175 °C ca. 25 Minuten backen. Auskühlen lassen.

❷ Zur Herstellung der **Lollimasse** alle Zutaten in einen Mixer geben und zu einer glatten Masse mixen. Diese Masse kurz durchkühlen, anschließend zu Herzen modellieren, erneut kühlen und nachmodellieren.

❸ Für die **Fertigstellung** die weiße Kuvertüre / Fettglasur zuerst schmelzen und wieder leicht abkühlen lassen. Die Lollis mit Stielen versehen, durch die Kuvertüre / Fettglasur ziehen und mit dem Farbpulver absieben.

MEUTEREI AUF DER BOUNTY –
LOLLICAKES

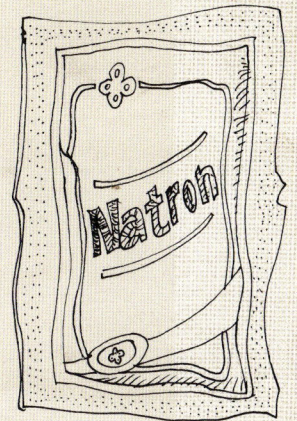

40 LOLLIS
BACKZEIT: 25 MINUTEN PLUS RUHEZEITEN

FÜR DIE MUFFINS
150 g fein gemahlene Kokosraspel
150 g fein gemahlenes Buchweizenmehl
3 TL Weinsteinbackpulver
½ TL Natron
1 TL Zimtpulver
Abgeriebene Schale von einer Bio-Orange
250 ml Mandeldrink
60 ml Apfelsüße
60 g Rohrzucker
90 ml Kokosnussöl
Meersalz

FÜR DIE LOLLIMASSE
400 g fertige Kokosmuffins
140 g Frischkäse
70 g Puderzucker
Etwas Kokoslikör oder Kokossirup

FÜR DIE FERTIGSTELLUNG
40 Lollistiele
400 g vegane Bitterkuvertüre oder vegane Fettglasur
Kokoschips zum Dekorieren

Den Ofen auf 175 °C vorheizen.

❶ Für die **Muffins** Kokosraspel mit dem Mehl, Backpulver, Natron, Zimt und 1 Prise Salz mischen. In einer zweiten Schüssel die Orangenschale mit dem Mandeldrink, der Apfelsüße, dem Rohrzucker und dem Öl mischen, diese Mischung unter die Mehlmischung rühren und die Masse in die vorbereiteten Muffin-Förmchen gleichmäßig verteilen.

Bei 175 °C ca. 25 Minuten backen (Stäbchenprobe) und komplett auskühlen lassen.

❷ Für die **Lollimasse** alle Zutaten in einen Mixer geben und zu einer glatten Masse mixen. Diese Masse kurz durchkühlen, zu 40 gleichmäßigen Kugeln formen, durchkühlen und nachmodellieren.

❸ Für die **Fertigstellung** die Kugeln mit Lollistielen versehen. Die Kuvertüre/Fettglasur schmelzen und leicht abkühlen lassen. Die Kugeln durch die Kuvertüre/Fettglasur ziehen und mit den Kokoschips dekorieren.

DESSERTS UND EIS

SOJA-HAFER-
PANNA COTTA
ANTICA
MIT FRUCHTSAUCE

FÜR VIER PERSONEN
KLEINE FÖRMCHEN ODER SECHS ESPRESSOTASSEN
ZUBEREITUNGSZEIT: 15 MINUTEN PLUS RUHEZEIT

SOJA-HAFER-PANNA COTTA

250 ml Sahneersatz aus Soja
250 ml Sahneersatz aus Hafer
50 g Zucker
2 g Agar-Agar-Pulver
1 Vanilleschote
1 kleine Stange Zimtrinde (Ceylon)
6 Kaffeebohnen
Abgeriebene Schale von **einer** Bio-Zitrone

FRUCHTSAUCE

200 g Himbeeren, passiert
75 g Zucker
1 Spritzer Zitronensaft

KARAMELLSAUCE

200 ml Sahneersatz aus Soja
1 gestrichener Teelöffel Meersalz
180 g Zucker

SCHOKOLADEN-HASELNUSS-SAUCE

200 ml Sahneersatz aus Hafer
30 g Kakaopulver
50 g Zucker
1 Prise Meersalz
1 Prise Zimtpulver
100 g vegane Bitterschokolade
15 g Mark von gerösteten Haselnüssen

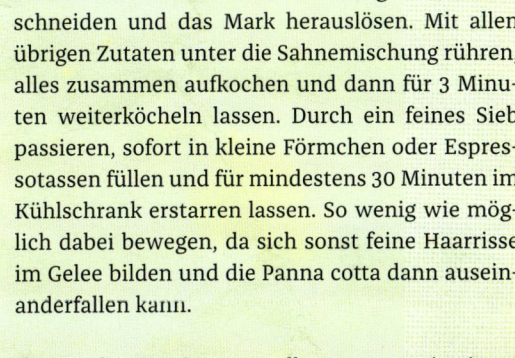

❶ Für die **Soja-Hafer-Panna cotta** Soja- und Hafersahneersatz mischen. Zucker mit Agar-Agar mischen. Die Vanilleschote der Länge nach aufschneiden und das Mark herauslösen. Mit allen übrigen Zutaten unter die Sahnemischung rühren, alles zusammen aufkochen und dann für 3 Minuten weiterköcheln lassen. Durch ein feines Sieb passieren, sofort in kleine Förmchen oder Espressotassen füllen und für mindestens 30 Minuten im Kühlschrank erstarren lassen. So wenig wie möglich dabei bewegen, da sich sonst feine Haarrisse im Gelee bilden und die Panna cotta dann auseinanderfallen kann.

❷ Für die **Fruchtsauce** alle Zutaten mit einem Stabmixer so lange mixen, bis die Sauce glänzend wird.

❸ Für die **Karamellsauce** den Sahneersatz mit dem Salz kurz aufkochen. Den Zucker in einem Topf nach und nach karamellisieren lassen, und mit dem Sahneersatz ablöschen.

❹ Für die **Schokoladen-Haselnuss-Sauce** den Hafersahneersatz mit dem Kakaopulver, dem Zucker und den Gewürzen mischen, kurz aufkochen und über die fein gehackte Bitterschokolade gießen. Kurz stehen lassen und dann mit dem Nussmark zu einer glatten Sauce verrühren.

Zum Anrichten die Cottas vorsichtig vom Rand der Förmchen lösen, einzeln auf Teller setzen und mit Sauce nach Wahl, frischen Beeren und etwas Minze dekorieren.

PANDAN-KOKOS-PANNA COTTA

500 ml Kokossahne
15 g Pandanpaste (Asialaden)
50 g Zucker
2 g Agar-Agar-Pulver
Grüne vegane Lebensmittelfarbe

MANGO-LIMETTEN-SAUCE

200 g passiertes Fruchtfleisch von Flugmangos
75 g Zucker
1 Spritzer Limettensaft und fein abgeriebene Limettenschale
1 Flugmango

AUFKOCHEN UND **3 min.** KÖCHELN

❶ Für die **Pandan-Kokos-Panna cotta** Kokossahne mit der Pandanpaste mischen. Zucker mit Agar-Agar mischen und unter die Sahnemischung rühren. Alles zusammen aufkochen und dann für 3 Minuten weiterköcheln lassen. Mit der Lebensmittelfarbe nach eigenem Geschmack einfärben. Sofort in Buddhaförmchen (ersatzweise z. B. Espressotassen) füllen und für mindestens 30 Minuten im Kühlschrank erstarren lassen. So wenig wie möglich dabei bewegen, da sich sonst feine Haarrisse im Gelee bilden und die Panna cotta dann auseinanderfallen kann.

❷ Für die **Mango-Limetten-Sauce** alle Zutaten bis auf die ganze Flugmango mit einem Stabmixer so lange mixen, bis die Sauce glänzend wird. Die restliche Flugmango schälen, entkernen und in kleine Würfel schneiden.

Zum Anrichten die Buddhas vorsichtig aus der Form lösen, einzeln auf Teller setzen und mit der Sauce und den Mangowürfeln dekorieren.

PANDAN-KOKOS-PANNA COTTA
MIT MANGOSAUCE

MOUSSE AU CHOCOLAT
MIT MANGO-MARACUJASAUCE

VIER PORTIONEN
ZUBEREITUNGSZEIT: 15 MINUTEN PLUS RUHEZEIT

❶ Für die **Mousse au Chocolat** beide Avocados schälen und entkernen, dann mit dem Agavendicksaft und den Gewürzen pürieren. Die Kokossahne steif schlagen, die Bitterschokolade auf ca. 50°C erwärmen. Die Schokolade unter die Avocadocreme rühren, dann nach und nach die Kokossahne vorsichtig unterheben. In eine Schüssel geben und im Kühlschrank ca. 1 Stunde fest werden lassen. Dann mit einem in heißes Wasser getauchten Esslöffel Nocken abstechen und auf Tellern anrichten.

❷ Für die **Mango-Maracuja-Sauce** alle Zutaten mit einem Stabmixer so lange mixen, bis die Sauce glänzend wird.

MOUSSE AU CHOCOLAT

2 vollreife Avocados
75 ml Agavendicksaft
1 EL Rum
1 Messerspitze gemahlene rosa Pfefferbeeren
200 ml Kokossahne
100 g vegane Bitterschokolade

MANGO-MARACUJA-SAUCE

200 g passiertes Fruchtfleisch von Flugmangos
Fruchtmark **einer** Maracuja
75 g Zucker

CRÈME BRÛLÉE
À LA VANILLE

MACADAMIA-CRÈME-BRÛLÉE AU
CHOCOLAT À L'ORANGE

CRÈME BRÛLÉE À LA VANILLE

VIER PORTIONEN
ZUBEREITUNGSZEIT: 10 MINUTEN PLUS RUHEZEIT

Die Vanilleschote der Länge nach aufschneiden und das Mark herauslösen.
Alle Zutaten und mit einem Mixstab zu
einer glatten Masse pürieren. In einen
Topf geben und unter ständigem Rühren ca. 2 Minuten kochen.

Die Masse in vier Schälchen verteilen
und im Kühlschrank erstarren lassen.
Vor dem Servieren jeweils mit einem
Esslöffel Zucker gleichmäßig bestreuen
und mit einem Gasbrenner karamellisieren.

400 g Seidentofu
200 ml Kokossahne
2 g Agar-Agar-Pulver
15 g Cashewmus
50 g Zucker
1 Vanilleschote
1 Prise Meersalz
Zucker zum Bestreuen

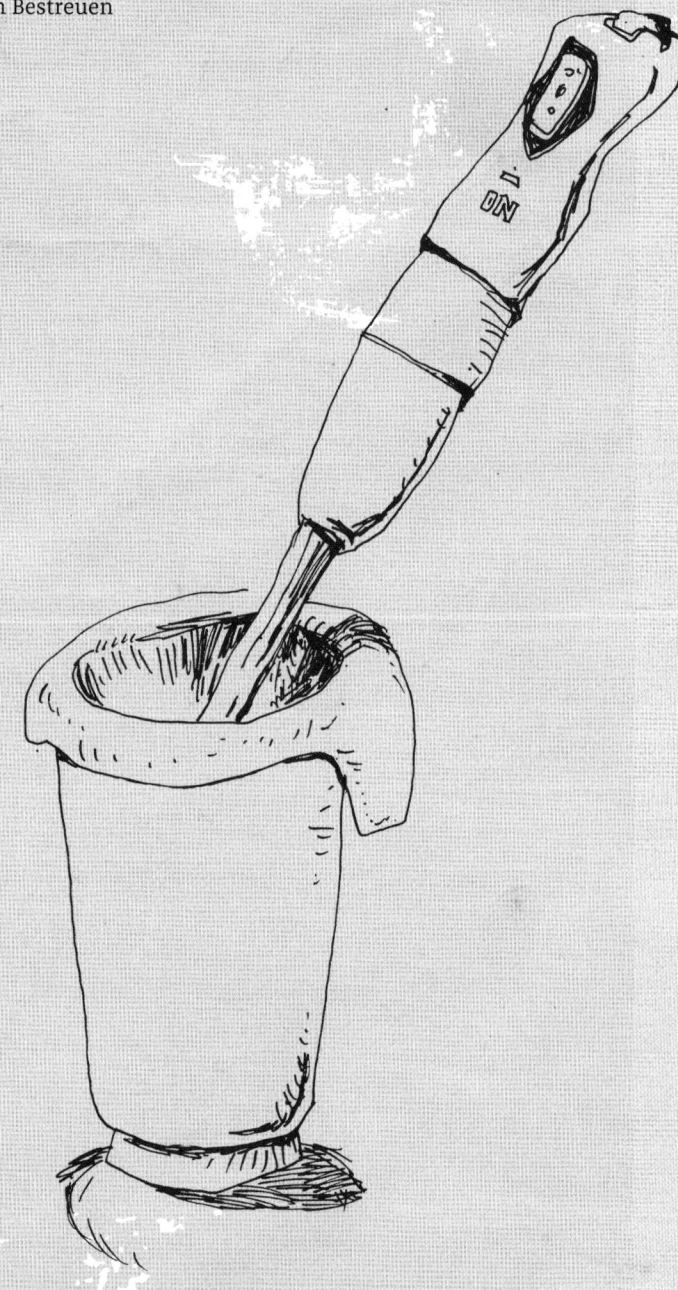

MACADAMIA-CRÈME-BRÛLÉE AU CHOCOLAT À L'ORANGE

In einem Kochtopf den Haferdrink mit dem Agavendicksaft und dem Agar-Agar, dem Salz und der Orangenschale mischen. In einer Schüssel die Schokolade und das Macadamiamus vermischen. Den Haferdrink kurz aufkochen und über die Bitterschokolade und das Macadamiamus gießen. Schnell zu einer glatten Masse verrühren und in passende Schalen gießen.

Dann im Kühlschrank mindestens 30 Minuten erstarren lassen. Vor dem Servieren mit Zucker bestreuen und mit einem Gasbrenner karamellisieren.

VIER PORTIONEN
ZUBEREITUNGSZEIT: 10 MINUTEN PLUS RUHEZEIT

300 ml Haferdrink
100 ml Agavendicksaft
4 g Agar-Agar-Pulver
1 Prise Meersalz
Abgeriebene Schale von **einer** Bio-Orange
50 g vegane Bitterschokolade (mindestens 70 % Kakaoanteil)
50 g Macadamiamus
Etwas Zucker zum Bestreuen

NUSS-CRÈME-BRÛLÉE

Die Vanilleschote der Länge nach aufschneiden und das Mark herauslösen. Alle Zutaten mit einem Mixstab zu einer glatten Masse pürieren und unter ständigem Rühren ca. 1 Minute kochen.

Die Masse gleichmäßig auf vier hitzebeständige Förmchen verteilen und ca. 30 Minuten im Kühlschrank erstarren lassen. Vor dem Servieren mit Rohrzucker bestreuen und mit einem Gasbrenner karamellisieren.

VIER PORTIONEN
ZUBEREITUNGSZEIT: 10 MINUTEN PLUS RUHEZEIT

1 Vanilleschote
300 ml Haselnussdrink
100 ml Ahornsirup
50 g Nussmark (zum Beispiel Macadamia, Pistazie, Sesam oder Mandel)
4 g Agar-Agar-Pulver
1 Prise Meersalz
45 g Rohrzucker
Rohrzucker zum Karamellisieren

❶ Für die **Creme** die Vanilleschote der Länge nach aufschneiden und das Mark herauslösen. Das Vanillemark mit dem Agavendicksaft und dem Joghurtersatz glatt rühren. Die Kokossahne steif schlagen und unterheben.

❷ Für den **Haferkrokant** alle Zutaten in einer Pfanne mischen, goldbraun rösten und auskühlen lassen.

❸ Die **marinierten Beeren** in dem Agavendicksaft marinieren.

Zum Anrichten zuerst etwas von der Creme in die Gläser verteilen, dann mit Beeren bestreuen, erneut mit ca. 1 cm Creme befüllen, dann wieder Beeren einschichten, dann noch einmal Creme. Kurz vor dem Servieren den abgekühlten Krokant aufstreuen und mit einigen Beeren und Minze dekorieren.

CREME
1 Vanilleschote
3 EL Agavendickssaft
300 g Joghurtersatz aus Soja
150 ml Kokossahne

HAFERKROKANT
60 g Haferflocken
40 g Zucker
2 ½ EL Sonnenblumenöl

MARINIERTE BEEREN
300 g gemischte Beeren (frisch oder TK)
90 g Agavendicksaft
Einige Minzblätter

BEEREN-MÜSLI-TRIFLE

ZIMT-WALNUSS-STREUSEL

100 g Weizenmehl Type 405
60 g Rohrzucker
¼ TL Zimtpulver
1 Prise Meersalz
4½ EL Walnussöl

KARAMELLISIERTE ÄPFEL

100 ml Ahornsirup
1 EL Rum
4 Äpfel geschält, entkernt und in Würfel geschnitten
15 g Rumrosinen
15 g gehackte geröstete Mandeln

CREME

20 g veganes Puddingpulver
35 g Rohrzucker
¼ TL Zimtpulver
250 ml Mandeldrink
150 ml Kokossahne

WINTERLICHES BRATAPFEL-TRIFLE

❶ Alle Zutaten mit einem groben Schneebesen zu den **Zimt-Walnuss-Streuseln** mischen und im Kühlschrank beiseitestellen. Die kalten Streusel auf einem Backblech verteilen und bei 160°C ca. 20 Minuten knusprig backen. Abkühlen lassen und beiseitestellen.

❷ Für die **karamellisierten Äpfel** den Ahornsirup in einer Pfanne karamellisieren lassen, dann mit dem Rum ablöschen und die Apfelwürfel darin schwenken, bis die Äpfel weich sind. Zum Schluss die Rosinen und die Mandeln unterrühren.

❸ Für die **Creme** zuerst das Puddingpulver mit Zucker und Zimt mischen, dann ca. 100 ml Mandeldrink zugeben und glatt rühren. Den restlichen Mandeldrink aufkochen und die Puddingpulvermischung einrühren. Aufkochen und erkalten lassen. Die Kokossahne steif schlagen. Den kalten Pudding glatt rühren und die steif geschlagene Kokossahne nach und nach unterheben.

Zum Anrichten zuerst etwas von den Äpfeln in die Gläser verteilen, dann mit der Creme ca. 1 cm hoch befüllen. Dann wieder Äpfel einschichten, wieder Creme, Äpfel und noch einmal Creme. Kurz vor dem Servieren die Streusel aufstreuen.

RHABARBER-ERDBEER-SPICY-CRUMBLE

EINE AUFLAUFFORM
BACKZEIT: 40 MINUTEN

FRUCHTEINLAGE
300 g Rhabarber
300 g Erdbeeren
Abgeriebene Schale von
einer Bio-Orange
50 g kandierter Ingwer
40 g Rohrzucker
20 g Pfeilwurzmehl

CRUMBLES
70 g Dinkelmehl
60 g Haferflocken
1 Vanilleschote
80 g Rohrzucker
1 Prise Meersalz
Abgeriebene Schale von
einer Bio-Orange
¼ TL Ingwerpulver
60 ml Olivenöl

☞ Variieren Sie die Fruchteinlage je nach Jahreszeit.
Nehmen Sie z. B. Pfirsiche, Johannisbeeren, abgeriebene
Zitronenschale und Rosmarin. Schmeckt lecker!

1 Für die **Fruchtmage** den Rhabarber schälen und in 1 Zentimeter lange Stücke schneiden. Erdbeeren waschen, Grün entfernen und in Stücke schneiden. Kandierten Ingwer in kleine Stücke schneiden. Die Vanilleschote der Länge nach aufschneiden und das Mark herauslösen. Früchte mit den anderen Zutaten mischen und in einer passenden Auflaufform gleichmäßig verteilen.

2 Für die **Crumbles** alle Zutaten grob bröselig zu Streuseln verrühren und locker über den Früchten verteilen.

Bei 180°C ca. 40 Minuten backen. Auskühlen lassen und mit veganem Vanilleeis servieren.

VIER PORTIONEN
ZUBEREITUNGSZEIT: 10 MINUTEN

WAFFELN

150 g Weizenmehl Type 405
2 TL Weinsteinbackpulver
60 g Joghurtersatz aus Soja
1 Prise Salz
50 g Rohrzucker
Abgeriebene Schale von
einer Bio-Zitrone
230 ml Haferdrink
60 ml Rapsöl

Das Mehl mit dem Backpulver versieben, die restlichen Zutaten zu einer glatten Masse verrühren und in die Mehlmischung rühren. Etwa 5 Minuten quellen lassen.

Das Waffeleisen auf 220 °C vorheizen, die Waffelmasse portionsweise einfüllen und die Waffeln knusprig ausbacken. Mit Puderzucker bestreuen.

☛ Waffeln sind vielseitig. Man kann sie mit Marmelade, aber auch mit veganer Kokosschlagsahne und frischen Früchten, z. B. Blaubeeren, servieren.

KOKOSMILCHREIS MIT SAUERKIRSCHEN UND MANGO

VIER PORTIONEN
ZUBEREITUNGSZEIT: 20 MINUTEN

MILCHREIS

1 Vanilleschote
125 g Milchreis
600 ml Kokosmilch
50 g Palmzucker
1 Zimtstange

KOMPOTT

300 g Sauerkirschen, tiefgekühlt
50 g Zucker
Abgeriebene Schale von **einer halben** Bio-Zitrone
1 Prise Meersalz
10 g Speisestärke

❶ Für den **Milchreis** die Vanilleschote der Länge nach aufschneiden und das Mark herauslösen. Alle Zutaten in einen Topf geben und bei mäßiger Hitze zum Köcheln bringen. Immer wieder umrühren und weiterköcheln, bis der Reis weich und die Masse cremig ist. Vanilleschote und Zimtstange entfernen.

❷ Für das **Kompott** die Sauerkirschen auftauen. Den Saft abseihen und mit dem Zucker, den Gewürzen und der Stärke anrühren, dann mit den Kirschen mischen und aufkochen.

Den Reis in Schälchen portionieren und mit den Kirschen auffüllen.

PANCAKES
MIT BLAUBEEREN, BANANEN UND PECANNÜSSEN

VIER PORTIONEN
ZUBEREITUNGSZEIT: 10 MINUTEN

❶ Für die **Pancakemasse** den Sojadrink mit dem Essig anrühren und kurz andicken lassen. Die Erdnussbutter in der Mikrowelle vorsichtig erwärmen und den Sojadrink unterrühren. Die Vanilleschote der Länge nach aufschneiden und das Mark herauslösen. Das Mehl mit dem Backpulver, Vanillemark, Rohrzucker und Salz versieben und klümpchenfrei zügig in die Erdnussmasse einrühren.

❷ **Zum Braten** der Pancakes in einer beschichteten Pfanne etwas Öl erhitzen, 3 Esslöffel Masse in die Pfanne geben und mit Blaubeeren bestreuen. Bei mittlerer Hitze backen, bis der Pfannkuchen auf einer Seite goldgelb ist, wenden und fertig backen.

❸ **Servieren** Sie die Pancakes mit Bananenscheiben, den Pecannüssen und dem Sirup.

PANCAKEMASSE
270 ml Sojadrink
1 TL Apfelessig
150 g Erdnussbutter
150 g Weizenmehl Type 405
2 ½ TL Weinsteinbackpulver
1 Vanilleschote
50 g Rohrzucker
1 Prise Meersalz

ZUM BRATEN
Öl zum Braten
250 g Blaubeeren

SERVIEREN
1 Banane
50 g grob gehackte geröstete Pecannüsse
Ahornsirup oder anderer veganer Sirup

4 PORTIONEN
BACKZEIT: 30 MINUTEN

400 g Kirschen, entsteint und halbiert
30 g Mandelmus
60 g Seidentofu
200 ml Mandeldrink
2 g Agar-Agar-Pulver
5 g Speisestärke
50 g Zucker
1 Prise Salz
30 g geschälte fein gemahlene Mandeln
Abgeriebene Schale von **einer halben** Bio-Zitrone
2 Zweige Thymian (je nach Geschmack und Qualität des Thymians) zum Bestreuen

Die Kirschen in eine Auflaufform füllen. Alle übrigen Zutaten mit einem Mixstab glatt mixen und über die Kirschen geben. Im vorgeheizten Ofen bei 180°C ca. 30 Minuten backen.

Zum Servieren mit etwas Thymian dekorieren. Der Clafoutis sollte warm gegessen werden.

KIRSCHCLAFOUTIS
— MIT THYMIAN

SANDORN-BANANEN-EIS

ERDBEER-BANANEN-EIS

KIWI-BANANEN-SORBET

SCHOKOLADEN-
HIMBEER-
CHILI-SORBET

SANDDORN-BANANEN-EIS

300 g Bananen
150 g Sanddornpüree
100 g Sauerrahmersatz aus Soja
50 ml Orangensaft
Abgeriebene Schale von **einer** Bio-Orange
5 EL Apfelsüße

Mit einer Eismaschine: Alle Zutaten pürieren und durch ein feines Sieb passieren. Dann in der Eismaschine zu cremigem Eis gefrieren.

Ohne Eismaschine: Die Bananen schälen und in Scheiben schneiden. Auf einem mit Backpapier belegten Blech großzügig verteilt im Tiefkühler gefrieren lassen, am besten über Nacht. Alle Zutaten in einem Mixer zu einer cremigen Eismasse mixen. Nochmals im Tiefkühler anfrieren und nochmals mixen.

☞ Das Eis am besten immer kurz vor dem Servieren herstellen oder rechtzeitig herausnehmen, da es im Tiefkühler sehr fest wird.

ERDBEER-BANANEN-EIS

300 g Bananen
300 g Erdbeeren
1 Vanilleschote
Abgeriebene Schale von **einer** Bio-Orange
50 ml Apfelsüße

Mit einer Eismaschine: Die Vanilleschote der Länge nach halbieren und das Mark herauslösen. Alle Zutaten pürieren und durch ein feines Sieb passieren. Dann in der Eismaschine zu cremigem Eis gefrieren.

Ohne Eismaschine: Die Bananen schälen und in Scheiben schneiden. Auf einem mit Backpapier belegten Blech großzügig verteilt im Tiefkühler gefrieren lassen, am besten über Nacht. Alle Zutaten in einem Mixer zu einer cremigen Eismasse mixen. Nochmals im Tiefkühler anfrieren und nochmals mixen.

☞ Das Eis am besten immer kurz vor dem Servieren herstellen oder rechtzeitig herausnehmen, da es im Tiefkühler sehr fest wird.

MANGO-BANANEN-EIS

Mit einer Eismaschine: Alle Zutaten pürieren und durch ein feines Sieb passieren. Dann in der Eismaschine zu cremigem Eis gefrieren.

Ohne Eismaschine: Die Bananen schälen und in Scheiben schneiden. Auf einem mit Backpapier belegten Blech großzügig verteilt im Tiefkühler gefrieren lassen, am besten über Nacht. Alle Zutaten in einem Mixer zu einer cremigen Eismasse mixen. Nochmals im Tiefkühler anfrieren und nochmals mixen.

360 g Bananen
300 g Mangofruchtfleisch
5 EL Apfelsüße
1½ EL Limettensaft

Das Eis am besten immer kurz vor dem Servieren herstellen oder rechtzeitig herausnehmen, da es im Tiefkühler sehr fest wird.

SCHOKOLADEN-HIMBEER-
CHILI-SORBET

300 g Bananen
130 g Himbeeren (TK)
½ TL Kakaopulver
1 Vanilleschote
50 ml Apfelsüße
1 fein gehackte, entkernte Chilischote

Mit einer Eismaschine: Die Vanilleschote der Länge nach halbieren und das Mark herauslösen. Alle Zutaten pürieren und durch ein feines Sieb passieren. Dann in der Eismaschine zu cremigem Eis gefrieren.

Ohne Eismaschine: Die Bananen schälen und in Scheiben schneiden. Auf einem mit Backpapier belegten Blech großzügig verteilt im Tiefkühler gefrieren lassen, am besten über Nacht. Alle Zutaten in einem Mixer zu einer cremigen Eismasse mixen. Nochmals im Tiefkühler anfrieren und nochmals mixen.

☞ Das Eis am besten immer kurz vor dem Servieren herstellen oder rechtzeitig herausnehmen, da es im Tiefkühler sehr fest wird.

KIWI-BANANEN-
SORBET

Mit einer Eismaschine: Die Vanilleschote der Länge nach halbieren und das Mark herauslösen. Alle Zutaten pürieren und durch ein feines Sieb passieren. Dann in der Eismaschine zu cremigem Eis gefrieren.

Ohne Eismaschine: Die Bananen schälen und in Scheiben schneiden. Auf einem mit Backpapier belegten Blech großzügig verteilt im Tiefkühler gefrieren lassen, am besten über Nacht. Alle Zutaten in einem Mixer zu einer cremigen Eismasse mixen. Nochmals im Tiefkühler anfrieren und nochmals mixen.

300 g Bananen
300 g Kiwis
1 Vanilleschote
50 ml Apfelsüße

☞ Ein Kirsch-Bananen-Sorbet ist auch sehr lecker. Variieren Sie das Rezept, indem Sie die Kiwis durch 300 g Sauerkirschen ersetzen.

TRE-COLORI

TRE-COLORI

☛ Für das Tre-Colori-Eis zuerst die Eisform zu einem Drittel mit Mangoeis füllen. Das Ganze mit einem Stiel versehen und über Nacht gefrieren lassen. Anschließend mit dem Himbeereis und dem Zitroneneis ebenso verfahren.

MANGOEIS
100 ml Kokossahne
3 EL Apfelsüße
100 g Mangofruchtpüree
1 TL Zitronensaft

Die Kokossahne steif schlagen und mit der Apfelsüße, dem Zitronensaft und dem Mangopüree mischen. Die Masse in Eisformen füllen, mit dem Stiel versehen und über Nacht gefrieren lassen. Unter fließendem kaltem Wasser aus den Formen nehmen.

HIMBEEREIS
100 ml Kokossahne
3 EL Apfelsüße
100 g Himbeerpüree
1 TL Zitronensaft

Kokossahne steif schlagen und mit der Apfelsüße, dem Zitronensaft und dem Himbeerpüree mischen. Die Masse in Eisformen füllen, mit dem Stiel versehen und über Nacht gefrieren lassen. Unter fließendem kaltem Wasser aus den Formen nehmen.

ZITRONENEIS
1 Bio-Zitrone
100 ml Kokossahne
3 EL Apfelsüße
¼ Vanilleschote

Die Schale der Zitrone fein abreiben und die Zitrone auspressen. Die Vanilleschote der Länge nach halbieren und das Mark herauslösen. Die Kokossahne steif schlagen und mit der Apfelsüße, der Vanille und dem Zitronensaft und der abgeriebenen Schale mischen. Die Masse in Eisformen füllen, mit dem Stiel versehen und über Nacht gefrieren lassen. Unter fließendem kaltem Wasser aus den Formen nehmen.

EIS AM STIEL

ERDBEEREIS
100 g Erdbeerpüree
100 g Cashewmus
35 g Zucker
1 Prise Vanillemark
1 Prise Meersalz
Abgeriebene Schale von **einer viertel** Bio-Orange
65 ml steif geschlagene Kokossahne

Alle Zutaten bis auf die Kokossahne zu einer glatten Masse mixen, dann vorsichtig die Kokossahne unterheben. Die Masse in Eisformen füllen, mit dem Stiel versehen und über Nacht gefrieren lassen. Unter fließendem kaltem Wasser aus den Formen nehmen.

MANGO-ORANGEN-EIS
550 g Bio-Orangen
280 g Mangofruchtpüree
90 g Rohrzucker
1 ½ TL Acerolapulver

Die Schale einer Orange abreiben, alle Orangen filetieren. Die Filets mit den restlichen Zutaten zu einer glatten Masse mixen. Dieses Püree in Eisformen füllen, mit dem Stiel versehen und über Nacht gefrieren lassen. Unter fließendem kaltem Wasser aus den Formen nehmen.

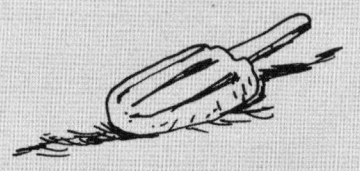

ROSENEIS
100 g Cashewmus
2½ EL Reissirup
1 EL Apfelsüße
1 Prise Vanillemark
1 Prise Meersalz
1 TL Hagebuttenpulver
1 TL Rosenwasser
100 g gefrorene Himbeeren
Vegane Lebensmittelfarbe Rot
65 ml steif geschlagene Kokossahne

Alle Zutaten bis auf die Kokossahne und die gefrorenen Himbeeren zu einer glatten Masse mixen, dann vorsichtig die Kokossahne und die klein gebröselten Himbeeren unterheben. Die Masse in Eisformen füllen, mit dem Stiel versehen und über Nacht gefrieren lassen. Unter fließendem kaltem Wasser aus den Formen nehmen.

VANILLEEIS

100 g Cashewmus
2 ½ EL Reissirup
1 EL Apfelsüße
1 Prise Vanillemark
1 Prise Meersalz
65 ml steif geschlagene Kokossahne

Alle Zutaten bis auf die Kokossahne zu einer glatten Masse mixen, dann vorsichtig die geschlagene Kokossahne unterheben. Die Masse in Eisformen füllen, mit dem Stiel versehen und über Nacht gefrieren lassen. Unter fließendem kaltem Wasser aus den Formen nehmen.

SCHOKOLADENEIS

100 g Cashewmus
2 ½ EL Reissirup
1 EL Apfelsüße
1 Prise Vanillemark
1 Prise Meersalz
50 g vegane Bitterschokolade, geschmolzen
65 ml steif geschlagene Kokossahne

Die Schale der Zitrone fein abreiben und die Zitrone auspressen. Die Kokossahne steif schlagen und mit der Apfelsüße, der Vanille und dem Zitronensaft und der abgeriebenen Schale mischen. Die Masse in Eisformen füllen, mit dem Stiel versehen und über Nacht gefrieren lassen. Unter fließendem kaltem Wasser aus den Formen nehmen.

MATCHAEIS

100 g Cashewmus
2 ½ EL Reissirup
1 EL Apfelsüße
1 Prise Vanillemark
1 Prise Meersalz
1 TL Matcha-Grünteepulver
65 ml steif geschlagene Kokossahne

Alle Zutaten bis auf die Kokossahne zu einer glatten Masse mixen, dann vorsichtig die Kokossahne unterheben. Die Masse in Eisformen füllen, mit dem Stiel versehen und über Nacht gefrieren lassen. Unter fließendem kaltem Wasser aus den Formen nehmen.

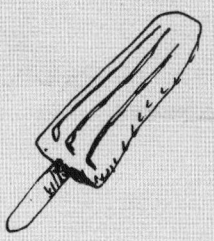

DUNKLE GLASUR

250 g Kakaobutter
100 g vegane Bitterkuvertüre
200 g Haselnussmus
120 g Apfelsüße
1½ TL Kakaopulver
1 Prise Meersalz

Die Kakaobutter mit der Kuvertüre schmelzen und mit den restlichen Zutaten glatt verrühren. Die gefrorenen Eis am Stiel kurz eintauchen, dann kurz anziehen lassen und sofort wieder im Tiefkühler zwischenlagern.

WEISSE GLASUR

250 g Kakaobutter
250 g Mandelmus
170 g Apfelsüße
1 Prise Meersalz
1 Vanilleschote

Die Vanilleschote der Länge nach halbieren und das Mark herauslösen. Die Kakaobutter schmelzen und mit den restlichen Zutaten glatt verrühren. Die gefrorenen Eis am Stiel kurz eintauchen, dann kurz anziehen lassen und sofort wieder im Tiefkühler zwischenlagern.

☞ Wer die Glasur noch mit knusprigem Crunch versehen will, kann dafür jede knackige Nussart oder auch Krokant verwenden. Pro Glasur-Rezept braucht man ca. 100 Gramm Crunch. Er kann in die Glasur gerührt oder aufs Eis gestreut werden, solange die Glasur noch flüssig ist.

WARENKUNDE

WICHTIGE ZUTATEN FÜR DAS VEGANE BACKEN

Veganes Backen erfordert eine andere Planung als die herkömmliche Bäckerei, denn hier fallen doch eine ganze Reihe von tierischen Nahrungsmitteln aus, die sonst unbedingt in die Zutatenliste gehören. Sie alle lassen sich aber ersetzen, und zwar so, dass das Ergebnis keinen Vergleich scheuen muss. Doch auch die übrigen Backzutaten sollten Sie sorgfältig auswählen, damit Ihre Mühe am Ende von einem guten Ergebnis gekrönt wird.

EIER

→ Eier lassen sich durch Sojamehl, Leinsamenmehl oder Goldleinsamen, Lupinenmehl, Kichererbsenmehl, Stärkemehle, Eiersatzpulver und Eiweißersatzpulver ersetzen.

→ 15 g (1 EL) Pulver und die dreifache Menge Wasser (45 ml) ersetzen ein Ei.

→ Auch Bananenmus, Apfelmus, Aprikosenmus, Birnenmus, Kürbismus, Joghurtersatz aus Soja und Nussmus sind hervorragende Feuchthaltemittel für den Teig. Sie verhalten sich beim Abbinden ähnlich wie Eier, geben Bindung und Feuchtigkeit und lockern Teige und Massen. Ca. 50 bis 60 g Mus bzw. Joghurt ersetzen ein Ei.

→ Eier sind aber auch Geschmacksträger. Um den Teig geschmacklich abzurunden, können Sie – jetzt bitte nicht lachen - indisches Stinksalz verwenden. Dieses Salz enthält Schwefel und gibt – in der richtigen Dosierung – dem Teig den Geschmack von Eiern.

→ Um einen pflanzlichen Ersatz für Eiweiß herzustellen, mischen Sie 50 g Tapiokastärke und 2 gestrichene Teelöffel Xanthan (eine bakteriell veränderte Maisstärke, Sie bekommen sie im Reformhaus oder in Bioläden), rühren dann 120 ml Wasser schnell hinein und schlagen das Ganze schaumig. Am Schluss werden noch 60 ml Sahneersatz aus Soja hineingerührt. Noch fünf Minuten weiterschlagen, und Sie haben den perfekten pflanzlichen Eischnee.

→ Und schließlich gibt Eigelb dem Teig eine schöne gelbe Farbe. Die lässt sich aber auch mit einem Hauch gemahlenem Kurkuma oder Safranpulver erreichen, ohne dass sich der Geschmack verändert.

ÖLE UND FETTE

→ Auf Butter und Milchfette wird in der veganen Bäckerei verzichtet. Stattdessen werden hauptsächlich Öle verwendet.

→ Vegane Margarine, Kokosfett und Palmkernfett sind der passende Ersatz für Butter, wenn es um stabile Strukturen geht wie z. B. „vegane Margarinecreme". Hier lohnt sich aber ein Blick auf die Zutatenliste der Margarine, um festzustellen, ob es sich wirklich um ein veganes Erzeugnis handelt.

→ Geschmacklich neutrale Öle sind Sonnenblumenöl, Rapsöl, Kokosöl, Maiskeimöl, Sojaöl, Baumwollkernöl, Erdnussöl, Mandelöl usw.

→ Ein eher kräftigeres Aroma haben die folgenden Öle: alle Sorten Nussöle (Mandel geröstet, Haselnuss, Macadamia, Walnuss, Pistazien, Pinienkern) Kürbiskern, Sesamöl, Traubenkernöl, Arganöl, Mohnöl usw.

SCHOKOLADE

➻ Bei der Verwendung von Schokolade sollten Sie die Zutatenliste auf der Verpackung lesen, um festzustellen, ob es sich wirklich um ein veganes Produkt handelt.

➻ Bitterschokolade oder Bitterkuvertüre sollte eigentlich immer vegan sein.

➻ Vollmilchschokolade lässt sich durch Reisdrinkschokolade (Reformhaus oder Bioladen) ersetzen.

➻ Weiße Schokolade ist kaum zu ersetzen. Sie können es mit gesüßter Kakaobutter versuchen, aber sie bleibt geschmacklich doch sehr hinter echter weißer Schokolade zurück.

NOUGAT

➻ Echter Nougat besteht aus Kakaomasse, Zucker, Nüssen und Milchpulver. Er ist also nicht vegan. Auch hier gibt es jedoch mittlerweile gute Ersatzprodukte. Und wenn es mal eng wird, können Sie auch einfach geröstetes Nussmark mit veganer Schokolade mischen, um selbst einen „veganen Nougat" herzustellen.

MEHL

➻ Weizenmehl in den Typen 405 (beste Backeigenschaften), 550 (gut für Rührteige), 1050 und natürlich auch als Vollkornmehl ist auch in der veganen Bäckerei das hauptsächlich verwendete Mehl.

➻ Andere Getreidearten wie z. B. Kamut, Dinkelmehl usw. bringen interessante geschmackliche Varianten.

➻ In vielen Teigen kommt es auf die Kleberstruktur des Weizens an, z. B. bei Hefeteigen und Biskuitteigen. Hier sollten immer mindestens 50 Prozent Weizen- oder Dinkelmehl verwendet werden, den Rest kann man mit Hirse, Reis, Mais, Roggen, Buchweizen, Amaranth, Quinoa oder Pfeilwurzmehl auffüllen.

➻ Für Strudel am besten nur Weizenmehle (Type 405) verwenden, sonst wird es schwierig, den Teig richtig dünn auszuziehen.

➻ Mürbteige können bis zu 70 Prozent aus anderen Mehlen als Weizen (Type 405 und 550) bestehen.

➻ Bei Verwendung von Vollkornmehlen in feinen Backwaren empfehle ich eine Mischung mit mindestens 30 Prozent Weizenmehl Type 405.

STÄRKE

➻ Weizenstärke, Kartoffelstärke, Maisstärke und Reisstärke werden zum Binden von Flüssigkeiten beim Kochen verwendet. Sie brauchen zwischen 80 und 120 g je Liter Flüssigkeit.

➻ Klar bleibt die gebundene Flüssigkeit, wenn Sie Pfeilwurzmehl verwenden und mit aufkochen. Hier brauchen sie 2 bis 3 TL auf 250 ml Flüssigkeit.

➻ Zum kalten Binden (ohne Aufkochen) können Sie Guarkernmehl und Johanisbrotkernmehl verwenden. 1 TL dickt 200 ml Flüssigkeit an.

LOCKERUNGS- UND TREIBMITTEL

➻ Das wichtigste biologische Lockerungsmittel für Teige aller Art ist Hefe. Frische Hefe ist dabei als Nahrungsmittel wertvoller als getrocknete. Da Hefe biologisch zu den Pilzen gehört, ist sie ohnehin vegan.

➻ Das wichtigste chemische Lockerungsmittel ist das altbekannte Backpulver. Backpulver: ein fertiges Gemisch aus einer CO_2-Quelle (z. B. Natron), einem Säuerungsmittel (z. B. E 450a), einem Säureträger und einem Trennmittel (z. B. Speisestärke).

➻ Weinsteinbackpulver (eine Mischung aus Natriumhydrogencarbonat und Weinstein) lässt sich 1:1 als Ersatz für herkömmliches Backpulver verwenden.

➻ Natron (Natrium Hydrogencarbonat) wird traditionell in Muffins und anderen amerikanischen Rezepten verwendet: Sie brauchen 3 bis 4 gestr. TL Natron und 2 bis 3 TL Säure (Essig oder Zitronensaft zum Aktivieren des Natrons) auf 500 g Mehl. Bei der Verwendung von Essig lohnt sich wieder der Blick aufs Etikett: Manche Essige werden mit Gelatine geklärt und sind damit nicht mehr vegan.

➻ Hirschhornsalz (Ammoniumbicarbonat) wird traditionell beim Backen von Lebkuchen verwendet. Früher wurde es tatsächlich aus Hirschgeweihen und auch aus Knochen gewonnen. Heute wird es synthetisch hergestellt, sodass Sie es auch für die vegane Bäckerei bedenkenlos verwenden können.

➻ Pottasche (Caliumcarbonat) wird ebenfalls traditionell für Lebkuchen verwendet. Im Gegensatz zum Hirschhornsalz, das den Lebkuchen in die Höhe treibt, sorgt Pottasche für die richtige Breite. Auch sie ist fürs vegane Backen geeignet.

➻ Mineralwasser enthält Kohlensäure und wird deshalb z. B. zum Lockern von Biskuitteigen verwendet.

⮕ Weitere vegane Lockerungs- und Treibmittel sind geschlagene Kokos- oder Sojasahne, die sich in Verbindung mit Eiersatzpulver wie Eischnee verhalten. Allerdings enthalten sie wesentlich mehr Fett als Eischnee.

MILCH

⮕ Hafer-, Dinkel-, Reis-, Soja-, Haselnuss-, Mandeldrinks usw. sind gute Ersatzprodukte zur Kuhmilch. Sie dürfen bei uns nur nicht als „Milch" deklariert und verkauft werden. Suchen Sie sich die geschmacklich passende „Milch" aus.

GRUNDREZEPT NUSSMILCH

100 g geschälte Nüsse (Mandeln, Haselnüsse, usw.) über Nacht in kaltem Wasser einweichen. Am nächsten Morgen die Nüsse durch ein Sieb abgießen und kalt abwaschen. In einem Mixer mit 300 ml kaltem Wasser zu einem feinen Brei mixen und durch ein feines Haarsieb oder Passiertuch passieren. Die so gewonnene Nussmilch hält ca. 2 Tage im Kühlschrank. Die übrige Nussmasse kann gut ausgepresst mit 50 Prozent Puderzucker vermischt zu Marzipan verarbeitet werden und beim Backen verwendet werden.

SAHNE

Ersatz für Kuhmilchsahne gibt es auf der Basis von Kokos und Soja, aber auch als Hafer- und Dinkelcreme. Sie sollten sie immer gut gekühlt aufschlagen und je nach Produkt auch noch vegane Aufschlaghilfen zugeben. Leider gibt es geschmacklich viele Unterschiede – hier muss man sich durchtesten.

BUTTERMILCH

Einen veganen Ersatz für Buttermilch können sie aus Sojadrinks herstellen. Für 250 ml Sojadrink brauchen Sie 1 EL hellen Essig oder Zitronensaft. Beide Zutaten mischen und ca. 10 Minuten stehen lassen, bis die Milch andickt und säuerlich schmeckt.

QUARK, FRISCHKÄSE UND JOGHURT

Quark und Joghurt lassen sich problemlos durch Tofu, Seidentofu, Soja-Frischkäse und Joghurtersatz aus Soja ersetzen. Je nach gewünschter Konsistenz muss man das Mischungsverhältnis anpassen.

GELATINE

Gelatine wird aus dem Bindegewebe von Schweinen und Rindern hergestellt, ist also fürs vegane Backen und Kochen ungeeignet. Es gibt aber einige gute Möglichkeiten, sie zu ersetzen:

➻ Agar-Agar: 5 g Agar Agarpulver, in Flüssigkeit aufgekocht und bei mindestens 40°C mit geschlagener Kokossahne gemischt, ersetzen 3 Blatt Gelatine, z. B. in Panna cotta, klarem Gelee oder einer Sahnetorte.

➻ Kakaobutter: 10 g Kakaobutter, heiß aufgelöst und in die Grundmasse eingerührt, ersetzen 1 Blatt Gelatine in einem Sahnedessert.

➻ Guarkernmehl und Johannisbrotkernmehl: ca. 1 Prozent der Gesamtmasse, kalt eingerührt, dicken auch kalte Speisen an.

ZUCKER

Technisch und geschmacklich gesehen ist Rüben- oder weißer Rohrzucker das Beste, was man beim Backen verwenden kann. Natürlich kann man verschiedene Ersatzstoffe verwenden wie z. B. Isomalt, Birkenzucker, Stevia, Fruchtzucker, Palmzucker, Sorbit und künstliche Süßstoffe. Aber leider haben manche dieser Süßungsmittel ihre (gelegentlich unerwünschten) Eigenheiten:

➻ Manche sind vor allem in höherer Dosis abführend (z. B. Isomalt und Sorbit),

➻ haben einen eigenen, für den einen oder anderen von uns gewöhnungsbedürftigen Geschmack (z. B. Stevia),

➻ geben Hefe keine Nahrung (z. B. Birkenzucker),

➻ sind verfärbend im Backprozess (z. B. Fruchtzucker und Sorbit, Vollrohrzucker),

➻ sind gesundheitlich bedenklich (z. B. künstliche Süßstoffe).

➻ Natürlich kann man auch süße Sirupe wie Apfelsüße, Ahornsirup, Agavendicksaft verwenden, aber das kann ins Geld gehen, und manche dieser Sirupe sind ökologisch oder gesundheitlich bedenklich. Außerdem sind manche Rezepte durch den hohen Wassergehalt (z. B. beim Backen oder bei Pralinen) dann schwierig umzusetzen.

SELBST GEMACHTER FICHTENSPITZENHONIG

1000 ml Wasser
800 g frische Fichtentriebe (im Frühling)
800 g Zucker
1 Bio-Zitrone

Das Wasser mit den Fichtentrieben einmal aufkochen. Für ca. 2 Stunden bei ca 90°C ziehen lassen, dann die Zitronenschale abreiben und unterrühren. Über Nacht erkalten lassen. Dann abseihen und durch ein feines Haarsieb gießen. Im Mischungsverhältnis 1:1 mit Zucker mischen und bis zu einer sirupartigen Konsistenz einkochen. In Marmeladengläsern hält sich der Sirup im Kühlschrank bis ins nächste Jahr.

LEBENSMITTELFARBSTOFFE

Manche natürlichen Farbstoffe sind nicht vegan, z. B. Cochenillerot (z. B. in Campari verwendet), das aus Läusen hergestellt wird. Wenn Sie also Lebensmittelfarben verwenden wollen, sollten Sie auf Farbstoffe ausweichen, die ausdrücklich vegan sind (z. B. Grün: Matcha, Gelb: Kurkuma, Rot: Rote Bete). Natürliche Farbstoffe sind leider oft nicht hitzestabil und verändern sich deshalb beim Backen.

DEKORATION

⮞ Manche Zuckerperlen und Schokoladendragees werden mit Schellack gelackt, der aus der Lackschildlaus gewonnen wird. Auch hier sollten Sie also auf die Deklaration auf der Verpackung achten.

⮞ Rollfondant kann Gelatine enthalten. Also auch hier auf die Zutaten achten.

KUCHEN, TORTEN UND CUPCAKES

KEKSE, COOKIES UND LOLLICAKES

REZEPTREGISTER

DESSERTS

EIS

Bernd Siefert gehört zu den weltweit renommiertesten Konditoren/Pâtissiers.
Zahlreiche Auszeichnungen, darunter ein Weltmeistertitel, belegen dies eindrucks-
voll. Seine Kreationen schmücken die Feste der Show- und Politprominenz,
namhafte Hersteller sichern sich sein Know-How bei der Entwicklung neuer
Produkte, und seine Seminare gehören zu den begehrtesten der Branche.
Er ist der erfolgreiche Autor zahlreicher Fachbücher. Weitere Infos über den
Autor erfahren Sie unter: www.bernd-siefert.de

ISBN 978-3-87515-404-7

Die im Buch veröffentlichten Texte und Rezepte wurden mit größter Sorgfalt
von Verfasser und Verlag erarbeitet und geprüft. Eine Garantie kann jedoch
nicht übernommen werden. Ebenso ist eine Haftung des Verfassers und/oder
des Verlages und seiner Beauftragten für Personen-, Sach- oder Vermögensschäden
ausgeschlossen.

Rezepte: Bernd Siefert, Michelstadt
Fotografie: Matthias Hoffmann, Hoffmann Fotodesign, Delmenhorst
Konzept und Gestaltung: die basis | Ideenwerk. Kommunikation. Design.
Lektorat: Dr. Ulrike Strerath-Bolz, usb bücherbüro, Friedberg in Bayern

Printed in Germany